G. Grokmann

Die christliche Gemeindeschule

G. Grokmann

Die christliche Gemeindeschule

ISBN/EAN: 9783743326507

Hergestellt in Europa, USA, Kanada, Australien, Japan

Cover: Foto ©ninafisch / pixelio.de

Manufactured and distributed by brebook publishing software
(www.brebook.com)

G. Grokmann

Die christliche Gemeindeschule

Die

Christliche Gemeindeschule.

Ein kurzer Wegweiser

— für —

Anfänger im Schulamte.

rektor a. D. ⬛ ⬛.-luth. Synode

W. ⬛

All den lieben Brüdern,

welche seit der Gründung unserer Synode meine Schüler gewesen sind, widmet hiermit zum Zeichen unverwelkter Liebe dies Büchlein

Der Verfasser.

Vorwort.

Folgende wenige Bemerkungen mögen hier als Vorwort stehen:

1. Dies Büchlein ist eine Frucht mehr denn 50jährigen Arbeitens auf den Gebieten der Katechetik und der Pädagogik.

2. Dasselbe bespricht das Notwendigste von dem, was ein Anfänger im Schulamte wissen soll, und bietet, was es geben möchte, dar in möglichster Kürze und Uebersichtlichkeit.

3. Der Verfasser benutzte, wie bei seinem Unterrichte im Lehrerseminar, so auch bei Verabfassung des Büchleins in erster Linie die gediegenen Arbeiten des unübertroffenen und unübertrefflichen Meisters der Katechetik, des sel. Prof. Dr. v. Zezschwitz.

4. Es soll mit dem Büchlein, wie schon der Titel zeigt, allerdings zunächst den Anfängern im Schulamte eine Handreichung geschehen. Aber der Verfasser bekennt gern, daß er bei der Ausarbeitung desselben nicht bloß an die jungen Lehrer, sondern eben so viel, wenn nicht noch mehr an die Hunderte von Kindern gedacht hat, die täglich um jene Lehrer sich versammeln. Er möchte so gern etwas beitragen, daß die letzteren mit immer größerer Lust und mit immer größerem Nutzen die Schule besuchen.

Schließlich sei das Büchlein samt seinem Lauf in die guten Hände des treuesten aller Kinderfreunde befohlen.

Der Verfasser.

Waverly, Jowa, Ostern 1895.

Inhaltsverzeichnis und Disposition.

Die Christliche Gemeindeschule.

Erster Teil.

Ihre Aufgabe.

Wir können dieselbe in einige kurze Sätze (Thesen) zusammenfassen.

Erste These.

Die christliche Gemeindeschule ist eine Erziehungsanstalt und zwar eine solche, welche an ihrem Teile ihren Zöglingen eine christliche Erziehung zu übermitteln hat.

Zweite These.

Jede Erziehung, also auch die christliche, ist Einwirkung auf den ganzen Menschen mit all seinen Gaben, und zwar Einwirkung eines Mündigen, Erzieher genannt, auf einen mehr oder minder Unmündigen, der den Namen Zögling führt.

Dritte These.

Obwohl nun auch bei derjenigen Einwirkung auf die Zöglinge, wie sie vom Lehrer der christlichen Gemeindeschule ausgehen soll, keine Gabe (Naturanlage) eines Zöglings völlig außeracht gelassen werden soll, so ist doch der Lehrer durch seine Berufung beauftragt, gewissen Vermögen insonderheit seine Erzierthätigkeit zuzuwenden. Diese sind: das Erkenntnisvermögen, das Willensvermögen und das Gefühlsvermögen.

Vierte These. (S. 14—15).

Diejenige Thätigkeit des Lehrers der christlichen Ge=
meinde=Schule, welche v o r n e h m l i ch im Dienste der Ein=
wirkung auf das E r k e n n t n i s v e r m ö g e n steht, ist die
Thätigkeit des Unterrichtens oder Lehrens, und diejenige,
welche v o r n e h m l i ch im Dienste der Einwirkung auf H e r z
und W i l l e n steht, ist die des E r z i e h e n s im engeren
Sinne.

Fünfte These. (S. 15—18.)

Als L e h r a n s t a l t hat die christliche Gemeindeschule
ihren Schülern K e n n t n i s s e und F e r t i g k e i t e n zu
übermitteln in den ihr z u g e w i e s e n e n G e g e n s t ä n d e n
und in dem ihr a u f g e t r a g e n e n M a ß e, während ihre
Aufgabe als E r z i e h u n g s a n s t a l t (im engeren Sinne)
nicht in ähnlicher Weise umgrenzt und bestimmt werden kann.

Zweiter Teil.

Die Lösung der Aufgabe.

Erste Abteilung.

Die Lösung der Aufgabe als Unterrichtsanstalt.
(S. 19—110.)

Dieselbe kann nur dann erfolgen, wenn die **nötige
Lehrertüchtigkeit** vorhanden ist.

1. Die erforderlichen Kenntnisse.
(S. 19—107.)

A. Welche Kenntnisse beim Lehrer vorhanden sein müssen.
(S. 19—107.)

Wir antworten: Er muß bekannt sein:

I. mit den hauptsächlichsten Unterrichts**grundsätzen,** (S. 20
bis 22.)

B. **Auf welche Weise sich das Streben des Lehrers nach Vermehrung seiner Kenntnisse bethätigen soll.** (S. 107.)

1. Durch fleißiges Weiterstudium. 2. Dadurch, daß er zum öfteren dem Unterrichte tüchtiger Kollegen beiwohnt. 3. Durch eifrigen Besuch der Lehrerkonferenzen.

---

2. Vom Gebrauche der Kenntnisse.
(S. 108.)

Es muß beim Lehrer auch die Fähigkeit vorhanden sein, von seinen Kenntnissen den rechten Gebrauch zu machen. Kleiner Anhang. (S. 109—110.)

Zweite Abteilung.
Die Lösung der Aufgabe als Erziehungsanstalt
(Das Wort „Erziehung" im engeren Sinne genommen).
(S. 111—122.)

Diese anlangend ist die **nötige Erziehertüchtigkeit** beim Lehrer erforderlich.

Erster Abschnitt.
Bekanntschaft mit den Erziehungsmitteln.
(S. 111—121.)

Solche sind:

I. Eine gute Schulordnung, (S. 111–114).
II. Das Wort des Lehrers, (S. 114—117).
III. Das Thun des Lehrers, (S. 117—121).
IV. Die persönliche Erscheinung und Haltung des Lehrers.

Zweiter Abschnitt.
Das Vorhandensein des erforderlichen Geschickes,
von den genannten Mitteln auch entsprechenden Gebrauch zu machen. (S. 121—122.)

Zugabe: Ein Stundenplan, welcher auch eine genaue Regelung der stillen Beschäftigung enthält. (S. 123–125.)

Die christliche (lutherische) Gemeindeschule.

Erster Teil.

Ihre Aufgabe.

Wir können, was wir darüber zu sagen haben, in einige kurze Sätze (Thesen) zusammenfassen.

Erste These.

Die christliche Gemeindeschule ist eine **Erziehungs- anstalt**, und zwar eine solche, welche an **ihrem Teil** ihren Zöglingen eine **christliche** Erziehung zu über- mitteln hat.

Erläuterung.

1. Sie ist eine **Erziehungsanstalt**. Das Wort „Erziehung" ist ein vielgebrauchtes, allgemein bekanntes Wort. Ob wohl auch alle diejenigen, die es kennen und gebrauchen, darüber, was es meint, im Klaren sind? Entstanden ist es in der Weise, daß dem Zeitwort „ziehen" die Silbe „er" vor- gesetzt worden ist. Der Ausdruck „ziehen" hat sowohl eine **sinnliche**, als auch eine **sittliche** Bedeutung; die erstere ist die ursprüngliche. Wird „ziehen" in dieser **sinn- lichen** Bedeutung gebraucht, so weiß jedes Schulkind, was das Wort besagt. Wer einen Gegenstand ziehen will, faßt ihn an und wirkt dann mit seiner Kraft so auf ihn ein, daß er sich fortbewegt und zwar in der Richtung nach dem Einwirken- den zu. Man denke an das Ziehen eines Schlittens durch

einen Knaben. Wird dagegen der Ausdruck „ziehen" in seiner sittlichen Bedeutung gebraucht, so wird nicht von jedem Schulkinde vorausgesetzt werden können, daß es den wirklichen Sinn desselben kenne. Und doch besteht eine auffallende Verwandtschaft des sittlichen Begriffes mit dem sinnlichen. Denn auch da, wo das Wort in seiner sittlichen Bedeutung gebraucht wird, bezeichnet es ein Einwirken auf einen ganz bestimmten Gegenstand, den man erfaßt hat, und zwar ein solches Einwirken, infolgedessen eine Fortbewegung zustande gebracht werden soll. Während aber beim s i n n l i ch e n Ziehen sowohl der Gegenstand, a u f welchen, als auch derjenige, v o n welchem eingewirkt wird, eine S a ch e sein kann, wie es z. B. geschieht, wenn eine Lokomotive eine Anzahl von Wagen zieht, so muß beim s i t t l i ch e n Ziehen sowohl was gezogen wird, als dasjenige, was zieht, eine P e r s o n sein. Ferner, während beim s i n n l i ch e n Ziehen das Erfassen und Einwirken mit l e i b l i ch e r Kraft geschieht, geschieht beides beim s i t t l i ch e n Ziehen mit g e i s t i g e r (moralischer) Kraft. Ferner, während beim s i n n l i ch e n Ziehen die zustande gebrachte Fortbewegung eine r ä u m l i ch e ist, so ist sie beim s i t t l i ch e n Ziehen eine s i t t l i ch e. Wenn also der Dichter singt: „Zeuch (ziehe) mich, o Vater, zu dem Sohne" 2c., so wird da die Person des Vaters angerufen, daß sie die Person des Bittenden mit der Kraft seiner Gnade erfassen und daß er mit derselben so auf sie einwirken möge, daß der Bittende nicht etwa äußerlich, d. i. dem Leibe nach, sondern innerlich, d. i. dem Herzen nach, ihm näher komme. Endlich, während beim sinnlichen Ziehen die Fortbewegung in der Richtung nach dem Ziehenden hin geschieht, findet beim sittlichen Ziehen die Fortbewegung nach dem Ziele hin statt, welches außer und über dem Ziehenden liegt. Nur wenn, wie es ja freilich immer sein sollte, der Ziehende selber unablässig diesem Ziele

entgegen ringt, ist die Richtung dessen, auf den ziehend einge=
wirkt wird, zugleich die Richtung nach dem Ziehenden hin.

Die Vorsilbe „er" besagt, wie aus ihrer Abstammung zu
ersehen ist, nichts anderes, als was durch unser jetziges „aus"
ausgedrückt wird. Somit zeigt „er" eine Bewegung h e r a u s
a u s d e m J n n e r e n an. Wenn man aber bei Personen
von einer geistigen Bewegung redet, die von innen heraus
geschieht, so meint das einen Fortschritt, der mit B e w u ß t =
s e i n u n d e i g e n s t e r E n t s c h e i d u n g zustande kommt.

Demnach heißt „e r z i e h e n": einer Person eine solche
geistige Einwirkung zu teil werden zu lassen, infolge welcher
sie in den Stand gesetzt wird, mit Bewußtsein und eigenster
Selbstentscheidung einem gesteckten Ziele entgegen zu streben,
welche Selbstentscheidung bei der c h r i s t l i c h e n Erziehung
allein in der Kraft Gottes, bei der n i c h t christlichen in eigener
Kraft geschieht.

2. Sie ist eine c h r i s t l i c h e Erziehungsanstalt, d. i.
eine solche, welche ihre Zöglinge c h r i s t l i c h erziehen soll.
Unter christlicher Erziehung verstehen wir eine solche, deren
Wurzelboden der christliche Glaube, deren treibender Beweg=
grund die christliche Liebe und deren Endziel die Verwirk=
lichung der christlichen Hoffnung ist.

a. Deren W u r z e l b o d e n d e r c h r i s t l i c h e G l a u b e
ist. Bekanntlich wird das Wort „Glaube" in verschiedenem
Sinne gebraucht. Das einemal denkt man dabei an dasjenige,
was geglaubt w i r d , was also den Gegenstand oder Inhalt
des Glaubens bildet. Das anderemal denkt man an die
T h ä t i g k e i t d e s A n e i g n e n s jenes Inhalts. Wenn
wir nun den christlichen Glauben als den Wurzelboden christ=
licher Schulerziehung bezeichnen, so wollen wir da das
Wort „Glaube" sowohl im einen, als im andern Sinn ver=
standen haben. Den Gegenstand oder Inhalt des christlichen

Glaubens bildet die Wahrheit des Evangeliums. Diese Wahrheit ist also dem Zöglinge zu übermitteln. Eine Erziehung, bei welcher das nicht geschieht, kann demnach nicht eine christliche genannt werden. Aber nicht blos auf die Gabe, welche gespendet wird, sondern auch auf das Geben kommt es an. Dasselbe muß nämlich Ausfluß der vom Geber angeeigneten evangelischen Wahrheit sein. Der Geber muß zu denen gehören, welche der Herr Jesus im Auge hatte, als er sprach: Wer an mich glaubet, von deß Leibe werden Ströme lebendigen Wassers fließen.

b. Deren treibender Beweggrund die christliche Liebe ist. Je genauer wir die von einem christlichen Gemeindeschullehrer zu verrichtende Arbeit uns ansehen, desto mehr wird sich die Ueberzeugung uns aufdrängen, daß dieselbe nach der einen Seite ja allerdings eine überaus köstliche, nach der andern Seite aber auch eine überaus schwierige, dazu vielfach undankbare und darum eine solche ist, welche viel Selbstverleugnung fordert. Woher soll nun unter solchen Umständen die doch so hochnötige dauernde Lust und Freudigkeit zur Ausrichtung solcher Arbeit kommen? Es giebt nur eine Quelle, aus welcher sie geschöpft werden kann, und diese ist die christliche Liebe, d. i. diejenige Liebe, welche, wie sie dem Herzen Christi entströmt, und in des gläubigen Erziehers Herz sich ergießt, so auch den letzteren zur dankbaren Erweisung derselben antreibt, sowohl zur unmittelbaren, d. i. zur Erweisung gegen die Person des Herrn selber, als auch zur mittelbaren, nämlich gegen die, welche der Herr Jesus seine Brüder nennt, insonderheit gegen die ihm anvertrauten Kinder. Er kann ja unmöglich des Wortes aus dem Munde Jesu vergessen: „Simon, Johanna, hast du mich lieb? Weide meine Lämmer.“ Merkt euch das, ihr Jünglinge, die ihr in christliche Lehranstalten eintreten wollt, um euch zu Lämmerhirten Jesu ausbilden zu lassen! Wo bei eurer Entschließung, euch für den Beruf eines christlichen Gemeindeschullehrers vorzubereiten, die Liebe zu dem guten Hirten und zu jenen Unmündigen, die er seine Lämmer nennt, keinerlei Anteil hat, da solltet ihr entweder die so hoch nötige Liebe vom Herrn euch schenken lassen, oder einem andern Berufe euch zuwenden.

c. Deren Endziel die Verwirklichung der christlichen Hoffnung ist.

Der Lehrer der christlichen Gemeindeschule hat bei seinem Einwirken auf seine Zöglinge verschiedene Ziele ins Auge zu fassen: näher- und fernerliegende. Wenn er sichs angelegen sein läßt, den Eltern brave Kinder und brauchbare Gehilfen, oder dem Pastor wohlvorbereitete Konfirmanden heran zu bilden, so sind das näher liegende Ziele; wenn er darauf bedacht ist, dem Staate tüchtige und treue Bürger, der Kirche wackere und fromme Glieder zuzubereiten, so sind das ferner liegende Ziele. Dasjenige Ziel, das hinter allen liegt, ist das Endziel. Wie es das letzte ist, so ist es auch das höchste und wichtigste. Alle übrigen stehen in seinem Dienste und sollen zu seiner Erreichung förderlich sein. Dies letzte oder Endziel ist die Verwirklichung der christlichen Hoffnung. Jede einzelne Hoffnung des Christen hängt untrennbar zusammen mit einer entsprechenden göttlichen Verheißung, ja sie ist selber nichts anderes, als ein mit Sehnsucht nach Erfüllung verbundenes Trauen und Bauen auf dieselbe. Diejenige Verheißung nun, in welcher alle übrigen zusammengefaßt sind, ist die Verheißung vollkommner Wiederherstellung des göttlichen Ebenbildes, mit anderen Worten: unsere Verklärung zur Ebenbildlichkeit Jesu Christi, und die Erlangung der damit verknüpften Seligkeit und Herrlichkeit. Der Erfüllung dieser Verheißung harrt die christliche Hoffnung entgegen. Und die

Verwirklichung dieser Hoffnung an den Zöglingen ist das Endziel der christlichen Erziehung. Merkt euch das, ihr Lehrer an christlichen Gemeindeschulen! Wie wichtig es auch sein mag, mit Ernst und Eifer den mancherlei näherliegenden Zielen entgegen zu steuern, so darf es doch nie außer Acht gelassen werden, welches als die große Hauptsache bei eurem erzieherischen Einwirken auf die euch anvertraute Jugend von euch angesehen und behandelt werden muß. Denn was hilfe es dem Menschen, wenn er die ganze Welt gewönne und nähme Schaden an seiner Seele, d. i. wenn er das herrliche Endziel nicht erreichte.

3. Diese christliche Erziehung hat die christliche Gemeindeschule ihren Zöglingen zu übermitteln an ihrem Teile. Das will sagen, daß die christliche Erziehung überhaupt als ein Produkt verschiedener Faktoren angesehen werden muß, von welchen die Gemeindeschule nur einer ist.

––––––––

Zweite These.

Jede Erziehung, also auch die christliche, ist Einwirkung auf den ganzen Menschen mit all seinen Gaben, und zwar Einwirkung eines Mündigen, Erzieher genannt, auf einen mehr oder minder Unmündigen, der den Namen Zögling führt.

Erläuterung.

1. Vorausgesetzt, daß die Schüler der christlichen Gemeindeschule sämtlich der christlichen Gemeinde angehören, sind die Gaben, auf welche der Lehrer einzuwirken hat, teils natürliche, teils geistliche. Während der einzelne Schüler die natürlichen Gaben von seiner Geburt her mitbringt, hat er die geistlichen vermittelst des Bades der Wiedergeburt (heiligen Taufe) empfangen.

a. Bezüglich der von der **Geburt** her mitgebrachten natürlichen Gaben, sowohl der **leiblichen**, als der geistigen, ist für den zum Werk der Erziehung berufenen Gemeinde-Schullehrer der Umstand von höchster Bedeutung, daß die ursprüngliche Beschaffenheit (Qualität) des menschlichen Wesens überhaupt und also auch jede der einzelnen Gaben und Kräfte durch den Sündenfall eine tief greifende **Veränderung** erfahren hat. Es sind vom **Gifte der Sünde durchdrungene und verderbte Gaben und Kräfte,** worauf er einzuwirken hat.

b. Bezüglich der von der **Wiedergeburt** her ihm innewohnenden Gaben soll hier blos daran erinnert werden, daß dieselben, so gewiß sie der durch die heilige Taufe mitgeteilten Gabe des heiligen Geistes entstammen, so gewiß die Natur dieses Geistes an sich tragen.

2. Auf diese Gaben ist von Seiten des Erziehers **einzuwirken.** Es fragt sich, um was es bei dieser Einwirkung sich handelt und welcher Art dieselbe sein muß.

a. **Um was es sich handelt.** Antwort: Um ein zwiefaches:

α. Um eine der Bestimmung des Menschen und jeder einzelnen Fähigkeit entsprechende **Entwicklung.**

α. Zunächst gilt es von den **natürlichen** Gaben, daß sie der Entwicklung bedürfen. Wie im Keim des pflanzlichen Samenkorns die ganze zukünftige Pflanze beschlossen liegt, aber eben keimartig, so ist es auch mit dem Menschen im Stadium seines Lebensanfanges. Sämtliche Gaben und Kräfte, welche im Stadium mannesalterlicher Vollkommenheit, als im Zustande vollendeter Reife sich befindend, offenbar werden, sind von Anfang an vorhanden gewesen, aber eben keimartig. Welch ein stufenreicher Weg liegt da zwischen dem Keimstadium und dem Stadium der Vollendung! Der Fortschritt aber vom keimartigen Anfang bis zur vollendeten Reife ist das, was wir mit dem Ausdruck Entwicklung meinen.

β. Aber auch die geistlichen, d. i. die von und mit dem heiligen Geiste dem Kinde verliehenen Gaben und Kräfte bedürfen der Entwicklung. Denn auch sie befinden sich zur Zeit da sie empfangen werden, im Zustande keimartigen Anfangs. Selbstverständlich aber sollen auch sie in diesem Zustande nicht verharren, sondern sie sollen auch der Vollendung entgegen reifen, sollen sich auch entwickeln.

b. Um eine Befreiung der natürlichen Kräfte von der Gewalt und dem Dienste der Sünde. Die heilige Schrift pflegt diesen allmählich zum Vollzug kommenden Prozeß der Befreiung der Natur des Menschen mit ihren Gaben und Kräften von der schauerlichen Sündenknechtschaft mit dem Namen Heiligung zu bezeichnen.

b. Welcher Art die Einwirkung selber sein muß. Um hierüber sofort ins Reine zu kommen, haben wir blos nötig, uns zu vergegenwärtigen, daß jede organische Entwicklung gleichbedeutend mit Wachstum ist. Die wesentlichste Bedingung jeden Wachstums ist bekanntlich Nahrungszuführung. Wo irgend einem lebenden Organismus die Nahrung vorenthalten wird, ist es mit dem Wachsen am Ende. Ebenso verhält sich's mit demjenigen geistleiblichen Organismus, welcher den Namen Mensch führt. Er bedarf auch zum Behufe der Entwicklung der ihm eigenen Gaben und Kräfte, der natürlichen sowohl als der geistlichen, der Nahrungszuführung. Das Einwirken des Erziehers auf seinen Zögling soll also hauptsächlich der Art sein, daß dadurch den vorhandenen Vermögen des Zöglings die zu ihrer Entwicklung und Heiligung notwendige Nahrung zugeführt wird. Welches diese Nahrung ist, und worauf bei der Zuführung geachtet werden muß, davon wird später geredet werden.

3. Wer auf einen mehr oder minder Unmündigen einen wahrhaft erziehenden Einfluß ausüben will, muß selber ein Mündiger sein. Unter einem Mündigen verstehen wir einen solchen, bei welchem diejenige geistige Reife eingetreten ist, welche ihn zu wirklich selbständigem Handeln ebenso befähigt, als berechtigt. Ist mit dieser geistigen Reife zugleich eine entsprechende geistliche vorhanden, vermöge welcher der Besitzer derselben imstande ist, auch auf dem Gebiete des geistlichen Lebens selbständig sich zu bewegen, so ist das vorhanden, was wir am liebsten christliche, oder kirchliche Mündigkeit nennen möchten. Wer es dagegen noch nicht so weit gebracht hat, daß er zu selbständigem Handeln befähigt wäre, der ist ein Unmündiger, der nicht erziehen kann, sondern selber der Erziehung bedarf.

Dritte These.

Obwohl nun auch bei derjenigen Einwirkung auf die Zöglinge, wie sie vom Lehrer der christlichen Gemeindeschule ausgehen soll, keine Gabe (Naturanlage) eines Zöglings völlig außer acht gelassen werden soll, so ist doch der Lehrer durch seine Berufung beauftragt, gewissen Vermögen, insonderheit seine Erziehertätigkeit, zuzuwenden. Diese sind: das Erkenntnisvermögen, das Willensvermögen und das Gefühlsvermögen.

Erläuterung.

1. **Das Erkenntnisvermögen.** Dasselbe begreift in sich folgende Fähigkeiten der menschlichen Seele:

a. Die Fähigkeit, sich **Vorstellungen zu bilden**, oder: sich etwas vorzustellen. Einen Gegenstand oder ein Ding sich vorstellen heißt: in der Seele sich ihn vergegenwärtigen. Und das durch solche innere Vergegenwärtigung in die Seele aufgenommene **Bild** ist eben die gewonnene Vorstellung. Die Vorstellung von irgend einem Dinge wird gewonnen auf dem Wege der Wahrnehmung oder Anschauung desselben. Sie ist eine **richtige**, wenn sie wahrheitsgetreu ist, d. h. wenn zwischen ihr und der vorgestellten Sache eine völlige Uebereinstimmung stattfindet. Sie ist eine **unrichtige**, wenn es an dieser Uebereinstimmung fehlt, sei es, daß Merkmale, die am Gegenstande sich finden, in der Vorstellung mangeln, sei es, daß Merkmale, die am Gegenstande sich **nicht** finden, in die Vorstellung aufgenommen sind, oder sei es, daß die wirklichen Merkmale des Gegenstandes zwar in die Vorstellung aufgenommen sind, aber so, daß die Merkmale in der Vorstellung mit denen des Gegenstandes sich nicht decken. —

Es giebt aber nicht blos Vorstellungen von **Dingen**, sondern auch von **Thätigkeiten** und **Eigenschaften**. So, wie die Seele, wenn sie ein **Ding** sich vorstellt, dies Ding innerlich sich vergegenwärtigt, so vergegenwärtigt sie sich, wenn sie eine **Thätigkeit** oder eine **Eigenschaft** sich vorstellt, eben diese Thätigkeit oder Eigenschaft. Und so, wie die Seele mittelst **sinnlicher Wahrnehmung** zu Vorstellungen von **Dingen** kommt, so gelangt sie auch vermittelst **sinnlicher** (mit den Sinnen geschehender) Wahrnehmung zu Vorstellungen von Thätigkeiten und Eigenschaften. —

Wird in der Seele eine Vorstellung von etwas erzeugt, das in Wirklichkeit nicht existiert, dessen Verwirklichung aber möglich ist, so bezeichnet man eine solche Vorstellung mit dem Namen „Idee".

b. Die Fähigkeit, Begriffe zu bilden. Die Begriffsbildnng hat das Vorhandensein von Vorstellungen zur Voraussetzung. Wie gelangt nun aber die Seele von Vorstellungen, die sie von Dingen, oder Thätigkeiten oder Eigenschaften hat, zu Begriffen von denselben? Antwort: Sie vergleicht mehrere Einzelvorstellungen derselben Art, d. i. solche, bei denen dieselben wesentlichen Bestandteile oder Merkmale sich finden, mit einander und faßt die allen diesen Einzelvorstellungen gemeinsamen Merkmale zusammen zu einer Einheit. Zum Beispiel: Die Seele hat eine Vorstellung von folgenden Gegenständen derselben Art: von einer Tanne, von einer Eiche und von einer Linde. Sie hat auch eine Vorstellung von den wesentlichen Merkmalen der Tanne, der Eiche und der Linde. Solche Merkmale (Bestandteile) sind: Stamm, Wurzeln, Aeste, Zweige. Weil dieselben bei den dreigenannten Gegenständen die gleichen sind, so sind sie „gemeinsame" Merkmale. Diese gemeinsamen Merkmale werden nun zu einer Einheit zusammengefaßt. Und diese Einheit heißt Begriff. Bezeichnet wird dieser Begriff durch das Begriffswort Baum. Von jedem Dinge also, bei welchem die erwähnten wesentlichen Merkmale (Stamm, Wurzeln, Aeste, Zweige) sich vereinigt finden, kann demnach gesagt werden, daß es ein Baum sei. — Zweites Beispiel: Die Seele hat eine Vorstellung von folgenden Thätigkeiten derselben Art: von der Thätigkeit des zum Munde führens von Speisen, von der Thätigkeit des Kauens derselben, und des Hinunterschluckens.

Faßt sie dieselben zu einer **Einheit** zusammen, so entsteht auf diese Weise der **Begriff** der Thätigkeit des **Essens**.

Auf dieselbe Weise entstehen auch Begriffe von **Eigen= schaften**, z. B. da ist ein Arbeiter, den man bei seinem Arbeiten als einen **behenden** und **ausdauernden** Mann kennen lernt. Faßt man die Momente: behende, ausdauernd zur Einheit zusammen, so springt der Begriff „**fleißig**" heraus. —

So aber wie es Vorstellungen und Begriffe giebt von Dingen, Thätigkeiten und Eigenschaften, welche dem Gebiete des **natürlichen** Lebens angehören, so giebt es auch solche, welche dem Gebiet des **geistlichen** Lebens angehörig sind. Solche **Dinge** sind z. B. Glaube, Liebe, Hoffnung; solche **Thätigkeiten** sind z. B. beten, loben, danken, und solche **Eigenschaften** sind z. B. fromm, gläubig, bußfertig. —

Mit Rücksicht auf die Fähigkeit, **Begriffe zu bil= den**, wird das Erkenntnisvermögen **Denkvermögen** oder **Verstand** genannt, während ihm mit Rücksicht auf die Fähigkeit, Uebersinnliches, Göttliches zu erkennen (zu vernehmen) der Name **Vernunft** gegeben wird.

c. Die Fähigkeit, Begriffe **auf einander zu beziehen**. Das Begriffswort „**Messer**" bezeichnet den Begriff eines **Dinges**. Das Begriffswort „**schneiden**" bezeichnet den Begriff einer **Thätigkeit**. Die beiden Begriffe kann ich so neben einander stellen, daß **keine** Be= ziehung derselben auf einander stattfindet. Das Messer — schneiden. Ich kann sie aber auch auf einander **beziehen**. Das thue ich, wenn ich die Thätigkeit, die durch das Thätig= keitswort „schneiden" bezeichnet wird, als eine **vom Mes= ser ausgehende** darstelle. Dies geschieht, indem ich spreche: Das Messer schneidet. Indem ich aber so das

„fchneiden" auf das Meffer beziehe, u r t e i l e ich.   Mit
Rückficht auf die Fähigkeit, zu urteilen, oder Urteile zu bilden,
heißt das Erkenntnisvermögen U r t e i l s k r a f t.   Hierher
gehören auch die F o l g e r u n g e n und S ch l ü f f e.

d. Die Fähigkeit, der Vergangenheit angehörige Vor=
ftellungen, Begriffe und Urteile zu einer beliebigen Zeit f i ch
w i e d e r z u v e r g e g e n w ä r t i g e n.   Mit Rückficht
auf diefe Fähigkeit wird das Erkenntnisvermögen E r i n =
n e r u n g s v e r m ö g e n oder G e d ä ch t n i s genannt.

2.   Das W i l l e n s v e r m ö g e n.   Wenn jemand
etwas will, fo wird von feinem Selbftbewußtfein aus eine Be=
ftimmung getroffen, welche verwirklicht werden foll.   Jedem
Wollen liegt eine U r f a ch e zugrunde, ein Etwas, wodurch
die Seele zum Wollen a n g e t r i e b e n wird.   Man pflegt
dies den A n t r i e b zu nennen.   Je nachdem nun der Antrieb,
durch den man fich zum Wollen bewegen läßt, dem Gebiet des
finnlichen, oder geiftigen, oder überfinnlichen Lebens angehört,
ift das Wollen felber ein f i n n l i ch e s, oder ein v e r ft ä n =
b i g e s, oder ein v e r n ü n f t i g e s Wollen. Beim finnlichen
Wollen entfcheidet der Eindruck, den das Gewollte auf b i e
S i n n e gemacht hat.   Beim verftändigen Wollen entfcheidet
b a s U r t e i l b e s V e r ft a n b e s, welches Urteil nach
vorausgegangener Erwägung gewiffer Gründe gefaßt wird.
Beim vernünftigen Wollen, b. i. bei folchen Selbftbeftimmun=
gen, welche von der durch das Licht des göttlichen Wortes
erleuchteten Vernunft getroffen werden, entfcheidet der als
Regel und Richtfchnur anerkannte W i l l e G o t t e s.

3.   Das G e f ü h l s v e r m ö g e n.   Wo immer ein
F ü h l e n ftattfindet, da ift es im Inneren zu einer E r =
r e g u n g gekommen, die durch einen E i n d r u ck hervor=
gebracht worden ift.   Den V o r g a n g diefer Erregung, alfo
das Erregt w e r d e n, pflegt man mit dem Ausdruck „ Em=

pfindung" zu bezeichnen, während man den Zustand
des Erregtseins „Gefühl" nennt. Bekanntlich giebt es
verschiedene Arten von Gefühlen. Einerseits giebt
es solche Gefühle, welche nicht leiblichen Ursprungs sind,
sondern im seelischen, oder geistigen, oder geistlichen Leben
wurzeln. Als den Sitz dieser Art von Gefühlen pflegt
man das Herz zu bezeichnen. Wenn wir nun hier von
dem Gefühlsvermögen im Unterschied vom Erkenntnis-
und Willensvermögen reden, so haben wir da lediglich das
Herz im Auge. Man teilt die Gefühle des Herzens in
zwei Hauptklassen: in Gefühle der Lust und in Gefühle der
Unlust. Zu ersteren gehören: die Freude, die Hoffnung,
das Wohlgefallen, die Bewunderung, der Friede u. s. w. Zu
den letzteren gehören: Angst, Schreck, Aerger, Zorn, Kum-
mer, Sorge, Gram, Furcht, Mißfallen, Scham u. s. w.

Vierte These.

Diejenige Thätigkeit des Lehrers der christlichen Ge-
meinde-Schule, welche vornehmlich im Dienste der Einwirkung auf das Erkenntnisvermögen steht, ist die
Thätigkeit des Unterrichtens oder Lehrens, und diejenige,
welche vornehmlich im Dienste der Einwirkung auf Herz
und Willen steht, ist die des Erziehens im engeren
Sinne.

Erläuterung.

Wenn wir sagen, daß der Lehrer der christlichen Ge-
meindeschule beim Unterrichten sich vornehmlich an das
Erkenntnisvermögen wende, so wollen wir damit die
Ausschließlichkeit negieren. Denn es ist Thatsache, daß bei
jedem ordentlichen Unterricht auch auf die beiden übrigen
Hauptvermögen der Seele, das Willens- und Gefühlsver-

mögen, eine Einwirkung stattfindet. Ich kann ja unmöglich ordentlich unterrichten, ohne beim Unterricht darauf zu sehen und darnach zu streben, daß auch die nötige Aufmerksamkeit vorhanden ist. Um diese zu erzeugen und zu erhalten, muß ich meinen Unterricht anziehend machen, d. i. ich muß ihn so einrichten, daß das Gefühl des Schülers angenehm berührt wird. Aus dieser Gefühlserregung entspringt dann alsbald ganz unabsichtlich der Entschluß, zuzuhören, und zwar anhaltend zuzuhören, also der Entschluß zur Aufmerksamkeit.

Wenn wir sagen, beim Erziehen (im engeren Sinne) wende sich der Erzieher vornehmlich an Herz und Willen, so wollen wir auch hier damit die Ausschließlichkeit negieren. Es ist ein direktes Einwirken auf das Gefühls- und Willensvermögen, wenn ich z. B. zu christlicher Wahrhaftigkeit ermuntere. Was ich durch meine ermunternden Worte erreichen möchte, ist das, daß in den Herzen (dem Gefühl) meiner Zöglinge eine heilige Lust zur Wahrhaftigkeit entbrennen möge, und daß sie infolge davon sich entschließen möchten, vor der Lüge sich zu hüten. Dies wird aber kaum anders zu erreichen sein, als so, daß ich meine Ermunterung auch begründe, womit ich mich aber an den Verstand wende.

Fünfte These.

Als Lehranstalt hat die christliche Gemeindeschule ihren Schülern Kenntnisse und Fertigkeiten zu übermitteln in den ihr zugewiesenen Gegenständen und in dem ihr aufgetragenen Maße, während ihre Aufgabe als Erziehungsanstalt (im engeren Sinne) nicht in ähnlicher Weise umgrenzt und bestimmt werden kann.

Erläuterung.

I. Als Lehranstalt:

1. In den ihr zugewiesenen Gegenständen. (Dieselben werden jetzt gleich sub 2 aufgezählt.)

2. In dem ihr aufgetragenen Maße. Auf die Frage, wie viel unter unsern Verhältnissen in einer gewöhnlichen Gemeindeschule auf dem Lande erreicht werden solle, antworten wir, wie folgt:

a. In der Biblischen Geschichte. Das Unterrichtsmaterial, wie es in unserm Historienbuche vorliegt, ist den Schülern einzuprägen, und zwar insoweit, daß die fähigeren Kinder die einzelnen Geschichten erzählen lernen, während die minderbegabten dahin zu bringen sind, daß sie auf Fragen über das Erzählte oder Gelesene Antwort geben können. Selbstverständlich sind die einzelnen Geschichten den Schülern auch so viel als möglich zum Verständnis zu bringen.

b. In dem Katechismus (nebst Bibelsprüchen und Kirchenliedern).

a. Katechismus. Das ganze Enchiridion Dr. M. Luthers muß sicher auswendig gelernt, und so viel die Fassungskraft der Kinder es ermöglicht, zum Verständnis gebracht werden.

b. Sprüche. Von dem im Katechismus zusammengestellten (nach ihrer Wichtigkeit in drei Klassen geteilten und mit 1, 2 und 3 bezeichneten) Sprüchen sollen je nach der Fähigkeit der Kinder entweder blos die mit 1, oder die mit 1 und 2, oder die mit 1, 2 und 3 bezeichneten (also alle) gelernt werden.

c. Lieder sind folgende zu lernen. (Siehe im zweiten Teil unter F. Singen.)

c. **Bibellesen.** Die vier Evangelien nebst Apostel=
geschichte, sowie die apostolischen Briefe dürften den neu=
testamentlichen; ausgewählte Psalmen, Abschnitte aus dem
Pentateuch und leichtere Partien aus den Propheten den alt=
testamentlichen Lesestoff bilden.

d. Den **bibelkundlichen** Unterricht betreffend
dürften Name, Ursprung (Beweise für die Göttlichkeit)
und Einteilung der heiligen Schrift die zu behandelnden
Stücke sein.

e. **In der deutschen Sprache.**

a. **Lesen.** Im allgemeinen sind die Kinder dahin zu
bringen, daß sie irgend ein Stück des Lesebuchs laut, deutlich,
fließend und einigermaßen ausdrucksvoll, d. i. also mit Ver=
ständnis lesen können.

b. **Orthographie.** Die **fähigsten** Kinder
der Oberklasse sollen es so weit bringen, daß sie irgend ein
dem Lesebuch zu entnehmendes Diktat **ohne** orthographische
Fehler niederschreiben können. Die große **Mehrzahl**
der Oberklasse soll ein **leichtes** Diktat aus dem Lesebuche
annähernd fehlerlos schreiben können.

c. **Styl.** Es soll das erreicht werden, daß die Kinder
eine kürzere Erzählung aus dem Lesebuche, oder aus der
biblischen Historie, nachdem sie erst gelesen, dann mündlich er=
zählt ist, annähernd korrekt aufschreiben können. Auch sollen
die Kinder zur Zeit, da sie die Gemeindeschule verlassen, einen
Brief, einen Schuldschein, eine Rechnung und eine Quittung
zu schreiben imstande sein.

d. **Grammatik.** Nur das Allernotwendigste aus
der Laut=, Sylben=, Wort= und Satzlehre gehört in die ge=
wöhnliche Volksschule.

e. **Singen.**

a. Sämtliche Melodieen der auswendig zu lernenden Gesangbuchslieder sollen ein so sicheres Besitztum der meisten Kinder werden, daß dieselben ohne Beihilfe des Lehrers von jedem einzelnen Kinde angefangen und gesungen werden können.

β. Etwa 30 bis 40 Arien (geistliche und Volkslieder) sollen ebenfalls gut eingeübt werden.

f. Rechnen. Wenn die Kinder mit einiger Sicherheit Aufgaben der vier Grundrechnungsarten (nicht angewandte und angewandte) ohne und mit Brüchen rechnen können, und überdies mit der Regeldetri bekannt sind, so wird von der Schule im Rechnen das gleistet sein, was unter gewöhnlichen Verhältnissen geleistet werden kann.

g. Realien.

α. Geographie.
β. Geschichte.
γ. Naturkunde.

} Auch wo diesen Fächern keine besonderen Stunden auf dem Stundenplan der Schule zugewiesen werden können, sollten die Kinder wenigstens mit dem genügend bekannt gemacht werden, was darüber das eingeführte Lesebuch enthält, wenn anders dasselbe den Anforderungen entspricht, denen es entsprechen sollte.

h. Das Zeichnen. Dies betreffend läßt sich ein Ziel nicht gut angeben.

Zweiter Teil.

Die Lösung der Aufgabe.

Erste Abteilung.
Die Lösung der Aufgabe als Unterrichtsanstalt.

Die Lösung dieser Aufgabe wird bedingt teils durch die Tüchtigkeit des unterrichtenden **Lehrers**, teils durch das Verhalten der **Eltern** der Schüler, und teils durch die Stellung, welche die **Gemeinde** zur Schule einnimmt. Wir haben es hier (in diesem Büchlein) bloß mit dem ersten der drei genannten Faktoren zu thun. Wir betrachten also

Die nötige Lehrertüchtigkeit.

Diese besteht teils in dem **Vorhandensein** der erforderlichen **theoretischen Kenntnisse** und in dem nie erlöschenden Streben nach Vermehrung derselben, und teils in der **Fähigkeit**, von den vorhandenen Kenntnissen den rechten **Gebrauch** zu machen.

---

1. Die erforderlichen Kenntnisse.
A. Welche Kenntnisse beim Lehrer vorhanden sein müssen.

Der Lehrer muß bekannt sein mit den hauptsächlichsten **Unterrichtsgrundsätzen**, mit dem zu behandelnden **Unterrichtsmaterial**, mit den in Anwendung zu bringenden **Unterrichtsformen** und mit der rechten **Unterrichtsmethode**.

I. Mit den hauptsächlichsten Unterrichts- grundsätzen.

Dr. Curtman zählt ihrer nicht weniger als 21 auf. Er sagt, der Unterricht sei: wahr, richtig, klar, gründlich, treu, unabhängig, ernst, freudig, lebendig, freundlich, neu, natürlich, nicht schwerfällig, organisch, einheitlich, stufen= mäßig, rechtzeitig, vollständig, sparsam, sorgfältig, wirksam auf das Leben. Wir beschränken uns darauf, von den nam= haft gemachten Grundsätzen vier etwas näher anzusehen:

1. Der Unterricht sei wahr.

Wir haben aber, wenn wir verlangen, daß der Unterricht wahr sein müsse, hauptsächlich das im Sinn, daß er sowohl nach Inhalt und Form, als auch nach der Ueberzeugung des Unterrichtenden frei sein sollte von Inkorrektheiten und Wider= sprüchen.

a. Nach dem Inhalt. Es darf nichts Zweifelhaftes als gewiß, nichts Gewisses als zweifelhaft, nichts Geschehenes als nicht geschehen, nichts, das nicht geschehen ist, als etwas Geschehenes hingestellt werden. Auch alle Uebertreibungen, hohlen Phrasen, Entstellungen ꝛc. soll man ernstlichst ver= meiden.

b. Nach der Form. Der Lehrer darf sich nicht das Aussehen geben, als sei er, wer weiß wie mächtig, jetzt von diesem oder jenem Gefühle ergriffen, während in Wirklichkeit auch nicht die geringste Spur von einem Ergriffensein in seinem Herzen ist. Er soll aufgetauchten fleischlichen Zorn nicht hinter der Maske heiligen Eifers verbergen wollen, und wenn er an einem Schüler sich versündigte, nicht sich das Ansehen geben, als wäre es so, wie es doch wirklich war, nicht gemeint gewesen.

c. Nach der Ueberzeugung. Es darf, namentlich in Sachen des Glaubens, nichts als göttliche Wahrheit dar=

gestellt werden, was nicht auch nach der Ueberzeugung des Lehrers wahr ist.

Durch nichts wird das Vertrauen und die Wirksamkeit eines Lehrers mehr geschädigt, als dadurch, daß seine Schüler wahrnehmen, daß er es **mit der Wahrheit nicht genau nimmt.**

2. Der Unterricht sei klar.

Das Wasser ist klar, wenn ihm nicht irgend welche fremde Stoffe beigemischt sind, durch welche seine Durchsichtigkeit beeinträchtigt wird. Der Unterricht ist klar, wenn die unterrichtliche Darlegung nichts enthält, wodurch der Schüler gehindert wird, das, was durch die Darlegung seinem Verständnis übermittelt werden soll, wirklich verstehen zu lernen, und zwar so rasch und sicher als möglich.

Eine klare **Darlegung** hat zur Voraussetzung, daß der **Lehrer selbst** bezüglich der darzulegenden Sache **im Klaren** ist. Woher kommt es, daß in so vielen Fällen dem, was **gesagt** wird, die nötige Klarheit mangelt? Es kommt daher, daß der Lehrer entweder dem zu behandelnden Gegenstande überhaupt nicht gewachsen ist, oder, daß er sich nicht die Mühe genommen hat, sich so vorzubereiten, daß Unnötiges und Störendes fern gehalten, dagegen zur Erleichterung der Auffassung Dienendes benutzt werden kann. Als dasjenige Mittel, dessen Verwendung vor andern dazu angethan ist, die gewünschte Klarheit zu erzielen, ist die **Anschauung** zu bezeichnen. Sie führt am schnellsten und leichtesten zu richtigen **Vorstellungen** und weiter zu **Begriffen.**

3. Der Unterricht sei gründlich.

Unter gründlichem Unterricht verstehen wir einen solchen, bei welchem der Lehrer nicht leichtfertig und oberflächlich verfährt, sondern es genau nimmt. Er begnügt sich nicht damit, seinen Schülern zu einem blassen Schimmer von Verständnis der unterrichtlich behandelten Sache verholfen zu haben, sondern er ist darauf bedacht, ein wirkliches Verständnis zu erzielen. Er jagt auch nicht hastig von einer Stufe zur andern, sondern nimmt sich gerne die zur Befestigung des Dargebotenen nötige Zeit.

4. Der Unterricht sei stufenmäßig.

Wenn wir von stufenmäßigem Unterrichte reden, so meinen wir dieses, daß beim Unterrichten im Auge behalten werden muß ebenso der mannigfache Stufen**unterschied** der zu unterrichtenden Schulkinder: der Unterschied bezüglich des Alters, der Begabung, der Kenntnisse, des allgemeinen Bildungsstandes derselben; als auch die Stufen**leiter**, welche bei Anordnung der Aufeinanderfolge der einzelnen Abschnitte der zu behandelnden Lehrgegenstände einzuhalten ist. Es ist dies eine der größten Schwierigkeiten, zugleich jenen Stufenunterschieden der einzelnen Kinder und dieser Stufenleiter der Anordnung der einzelnen Abschnitte des Unterrichtsstoffes Rechnung zu tragen. Und es wird zugegeben werden müssen, daß auch der gewandteste Schulmann sich einmal ums anderemal in der Lage sieht, Rücksichten in Betracht der Stufenmäßigkeit außer Acht lassen zu müssen, die er so gerne hätte walten lassen. Aber soweit die von der Pädagogik geforderte Stufenmäßigkeit zur Anwendung kommen kann, soll sie auch angewandt werden. —

II. Mit dem in den einzelnen Unterrichtsstunden zu behandelnden Unterrichts**material.**

Ehe der Lehrer am Morgen eines neuen Schultages sein Schulzimmer betritt, muß er nicht bloß wissen, welches Pensum in jedem einzelnen Fache durchzunehmen ist (er kann dies ja, denn er hat gestern bereits die Aufgaben, welche heute in den verschiedenen Unterrichtsgegenstänen durchzunehmen sind, in seinem „Aufgabenbüchlein" notiert), sondern er muß auch bezüglich der S a ch e, die in jedem einzelnen Pensum zu behandeln ist, vollständig orientiert sein. Er erreicht dies durch eine gründliche, spezielle Vorbereitung.

III. Mit den in Anwendung zu bringenden Unterrichtsformen.

Wir unterscheiden derselben zwei: die monologische und die dialogische Lehrform.

1. Die m o n o l o g i s ch e. Hier redet allein der Lehrer, und der Schüler ist Zuhörer. Diese Lehrform ist anzu=wenden

a. wenn der Unterricht geoffenbarte Religionswahrheiten zu seinem Inhalte hat, z. B. beim Unterricht über die Wirkung der heiligen Taufe. Einen Vortrag dieser Art pflegt man L e h r v o r t r a g zu nennen;

b. wenn es gilt, die Schüler mit h i s t o r i s ch e n T h a t s a ch e n bekannt zu machen, z. B. mit der Thatsache der wunderbaren Errettung Mosis. Ein solches Vortragen pflegt man „e r z ä h l e n" zu nennen.

c. wenn der Lehrer durch Bezeugen, Ermahnen, War=nen, Bitten und dergleichen auf Gemüt und Willen der Schüler unmittelbar einwirken will. —

Mag nun der zusammenhängende Vortrag die Gestalt eines Lehrvortrags, oder einer Erzählung, oder einer Er=mahnung 2c. annehmen, in jedem Falle muß er erstens k u r z und zweitens der F a s s u n g s k r a f t der Kinder a n g e=m e s s e n sein.

2. Die d i a l o g i s ch e, d. i. das Fragverfahren.

a. Die Frage.

Bezüglich derselben muß er über folgende Stücke im Klaren sein: über das Wesen, über die Einteilung, und über die Eigenschaften der Frage.

α. Ueber das **Wesen** der Frage, oder darüber, was die Frage ist. Das Wesen der Frage wird erkannt, wenn auf ihre w e s e n t l i c h e n B e s t a n d t e i l e geachtet wird. Wesentliche Bestandteile giebt es bei jeder Frage zwei: das Fragedatum und den Fragepunkt.

a. Das F r a g e **datum.** Der Ausdruck „D a t u m" bezeichnet ein G e g e b e n e s. Es muß doch dem, der gefragt wird, etwas dargeboten oder gegeben wer-den, was die Grundlage der Frage bildet. Frage ich: Was ist die Rose? so ist damit ausgesprochen: Die Rose ist etwas. Dies mit der Frage Ausgesprochene und dem Gefragten Dargebotene (G e g e b e n e) bildet die G r u n d l a g e der Frage. Damit, daß ich sage: „Die Rose ist etwas", spreche ich ein U r t e i l aus. Dies durch das Fragedatum ausgesprochene Urteil ist entweder ein a l l g e m e i n e s, welches n ä h e r b e-st i m m t werden soll, oder ein b e s t i m m t e s, von dem der Gefragte sagen soll, ob er es a n e r k e n n e oder n i c h t. Bei der Frage: Wer hat Jesum ver-raten? heißt das Fragedatum: Jemand hat Jesum verraten. Das ist ein a l l g e m e i n e s U r t e i l, welches n ä h e r b e s t i m m t werden soll. Es soll nämlich gesagt werden, wer der jemand ist. Bei der Frage: Bist du krank? ist das Datum: Du bist krank. Das ist aber kein allgemeines (unbestimmtes), sondern ein b e s t i m m t e s Urteil, bezüglich dessen der Gefragte blos sagen soll, ob er es a n e r k e n n e n will oder n i c h t.

β. Der **Frage punkt.** Unter dem Fragepunkt verstehen wir denjenigen Bestandteil der Frage, welcher die **Aufforderung enthält,** das betreffende Urteil **abzugeben.** In der Frage: „Was ist die Rose"? ist „was" der Fragepunkt. In der Frage: „Bist du krank?" wird der Fragepunkt ausgedrückt durch die **Stellung,** welche das Hilfszeitwort „bist" im Fragesatz einnimmt. In der Frage: „Hörst du", in welcher ein Hilfszeitwort nicht vorkommt, wird der Fragepunkt dadurch ausgedrückt, daß das Zeitwort „hörst" dem persönlichen Fürwort „du" vorangestellt wird. Indessen geschieht es auch sehr häufig, daß der Fragepunkt ausschließlich durch die **Betonung** zur Bezeichnung gelangt, z. B. statt: „Gehst du fort?" einfach: „Du gehst fort?"

Angesichts dieser beiden Wesensbestandteile der Frage (Fragedatum und Fragepunkt) sagen wir also: Die Frage ist eine Aufforderung, ein dargebotenes Urteil, wenn es ein **unbestimmtes** (allgemeines) ist, näher zu bestimmen, und wenn es ein **bestimmtes** ist, es **anzunehmen** (zu bejahen), oder zu **verwerfen** (zu verneinen).

b. Ueber die **Einteilung** der Fragen. Die Einteilung richtet sich nach dem Einteilungs**grund.** Dieser kann sein: der Wesensunterschied, die Form, die Absicht und der Wert der einzelnen Fragen in ihrem Verhältnis zu einander.

a. Der **Wesensunterschied.** Wird bei der Einteilung der Fragen auf das **Wesen** der Frage geschaut, so teilt man sie ein in Bestimmungs= und Entscheidungsfragen.

1. Bestimmungsfragen. Wird durch die Frage ein allgemeines Urteil dargeboten mit der

Aufforderung an den Gefragten, es näher zu be=
stimmen, so ist die Frage eine Bestimmungsfrage:
Fragen, wie die: Wann lebte Moses? Wer hat
Jesum verraten? Wo wurde Dr. M. Luther
geboren? Warum weigerte sich Jonas, nach
Ninive zu gehen? sind also Bestimmungs=
fragen.

2. Entscheidungsfragen. Wird dem Ge=
fragten in der Frage ein schon näher bestimmtes
Urteil dargeboten mit der Aufforderung, seine An=
erkennung oder Nichtanerkennung desselben auszu=
sprechen, so ist die Frage eine Entscheidungsfrage.
Fragen, wie die: Glaubst du an eine Auferstehung
der Toten? Lebt dein Vater noch? Bleibst du
zuhause? sind also Entscheidungsfragen.

β. Die Form. Rücksichtlich der Form werden die
Fragen eingeteilt in Fragen mit besonderen Frage=
wörtern, und in Fragen ohne solche.

1. Fragen mit besonderen Fragewörtern. In diese
Kategorie gehören sämtliche Bestimmungsfragen.
Der richtige Gebrauch der Fragewörter
hat selbstverständlich eine genaue Kenntnis ihrer
Bedeutung zur Voraussetzung. Sie zerfallen
bekanntlich in drei Klassen: fragende Substantiv=
pronomina, fragende Adjektivpronomina und fra=
gende Adverbialpronomina.

aa. Fragende Substantivpronomina.

Diese sind: wer und was. Mit „wer“ fragt man nach
Personen, z. B.: Wer hat Jesum verraten? Mit „was“
fragt man nach Sachen, z. B.: Was gebrauchte David
als Waffe im Streit gegen Goliath?

bb. Fragende Abjektivpronomina.

Solche sind: welcher, welche, welches, und was für einer, was für eine, was für eins. Ersteres wird gebraucht, wenn man wissen will, welches einzelne Ding (welche einzelne Person) von mehreren derselben Art gemeint ist, z. B.: Welcher von den Söhnen Jakobs wurde von seinen Brüdern verkauft? Welcher Apostel wirkte vornehmlich unter den Heiden? — Letzteres wird gebraucht, wenn man erfahren will, welche Art von Dingen (Personen) gemeint ist, z. B.: Was für ein Buch hast du in der Hand? Was für ein Mann ist Symeon gewesen?

cc. Fragende Abverbialpronomina.

Solche sind: Wo, wann, wie; woher, wohin, warum u. s. w. Mit „wo" wird nach einem Orte gefragt, z. B.: Wo wurde Christus geboren? Mit „wann" nach der Zeit, z. B.: Wann lebte Abraham? Mit „wie" nach der Weise, z. B.: Wie predigte Christus? Mit „woher" und „wohin" nach der Richtung, z. B.: Woher kamen die Weisen, die nach dem neugeborenen König der Juden fragten? Wohin gingen Jesu Eltern alle Jahre, um das Osterfest zu feiern?" Mit „warum" nach dem Grunde, z. B.: Warum schlägst du mich? Mit „wozu" nach dem Zwecke, z. B.: Wozu baute Abraham auf Moria einen Altar?

2. Fragen ohne besondere Fragewörter. In diese Kategorie gehören sämtliche Entscheidungsfragen, z. B.: Bist du gestern krank gewesen?

γ. Die Absicht des Fragenden. Mit Rücksicht auf diese werden die Fragen eingeteilt in Bekenntnisfragen, Examenfragen, Zergliederungsfragen und Entwickelungsfragen.

1. Bekenntnisfragen. Unter Bekenntnisfragen versteht man solche Fragen, durch welche der Gefragte veranlaßt wird, eine Antwort zu geben, durch welche er sich zu irgend einem kirchlichen Bekenntnis, oder zu einem S t ü c k desselben a l s z u s e i n e m e i g = n e n sich bekennt. Fragen wie die: Wer ist Jesus Christus? Was giebt oder nützt die Taufe? Was empfängst du im heiligen Abendmahl? sind also Bekenntnisfragen. Und es ist von Wichtigkeit, daß die Kinder darauf aufmerksam gemacht werden, daß sie mit ihren Antworten auf die allermeisten Kate= chismusfragen ein B e k e n n t n i s a b l e g e n.

2. Examenfragen. Diese werden von dem Fra= genden angewendet, wenn er die Absicht hat, zu er= fahren, was gelernt, d. h. was vom Gedächtnis bewahrt, oder vom Verstande begriffen ist, z. B. Wer ist zur Zeit der Geburt Christi römischer Kaiser gewesen? Oder: Wie heißt das Hauptwort „Tisch" im Wemfall der Mehrzahl?

3. Zergliederungsfragen. So heißen die= jenigen Fragen, bei welchen der Fragende die Absicht hat, ein aus mehreren Teilen bestehendes Schrift= ganzes zu zergliedern, d. i. in seine einzelnen Be= standteile zu zerlegen, und zwar dies zu dem Zwecke, auf diese Weise bei den Kindern einen besseren Ein= blick in den Sinn des Ganzen zu erzielen, z. B. (nachdem eben das dritte Gebot aufgesagt worden ist): Welchen Tag sollst du heiligen? Was sollst du mit dem Feiertage thun?

4. Entwickelungsfragen. Die Entwickelung hat es mit B e g r i f f e n zu thun. Ein jeder Begriff ist, mag er ein Begriff von einem Dinge, oder einer

Thätigkeit sein, und mag das Ding oder die Thätig=
keit dem Bereich des natürlichen, oder des geistlichen
Lebens angehören, eine **Einheit** (ein Ganzes),
welche durch Zusammenfassung der **wesentlichen
Bestandteile** von mehreren Dingen oder
Thätigkeiten derselben Art entstanden ist. Man
nennt diese Bestandteile des Begriffes auch **Mo=
mente** desselben. Wer also über irgend einen
durch ein Begriffswort bezeichneten Begriff sich klar
werden soll, muß mit den einzelnen Momenten des=
selben bekannt gemacht werden.

Fassen wir beispielsweise den Begriff „Frömmig=
keit" ins Auge. Als Momente desselben dürften
hervorzuheben sein: erstens ein lebendiges Verlan=
gen nach persönlichem Verkehr mit Gott dem Herrn,
zweitens ein eifriges Benutzen jeglicher Gelegenheit,
die zu solchem Verkehr sich darbietet, und drittens
ein ernstliches Meiden dessen, was diesen Gott und
Herrn, dem man mit ganzer Seele zugethan ist, be=
trüben müßte. Nur wer ebensowohl diese Momente
selber, als auch den inneren Zusammenhang kennt,
in welchem sie zu einander stehen, der hat wirklich
einen rechten Begriff von Frömmigkeit.

Es fragt sich, was vonseiten des Lehrers der
christlichen Gemeindeschule geschehen kann, um mehr
und mehr das zu erreichen, daß seine Schüler mit den
von ihm und ihnen gebrauchten Begriffswörtern,
namentlich den wichtigeren, und zwar den konkreten
sowohl, als den abstrakten, **richtige** Begriffe
verbinden. Leider ist die Zahl derer, die ihren
Schülern diesen Dienst durch Lernenlassen von
Definitionen leisten zu können glauben, eine

nur allzu große. Wir wollen von einem solchen Verfahren nichts wissen.

Der einzig richtige, wirklich zum Ziele führende Weg ist der des Entwickelungsverfahrens. Das Charakteristische desselben besteht darin, daß der Lehrer, anknüpfend an vorhandenes Wissen des Schülers, und unter Anwendung entsprechender Mittel aus dem zu erklärenden Begriffe ein Moment um das andere erhebt, und ins richtige Licht stellt, dann die so erhobenen und beleuchteten Momente verbindet und schließlich zur Bezeichnung des zur zur Klarheit gebrachten Begriffes ·das Begriffswort verwendet.

Setzen wir also den Fall, der Lehrer hätte den Begriff „fromm sein" zu entwickeln, was wäre zu thun? Auf Grund des Gesagten müssen wir antworten, wie folgt:

aa. Er hätte die vorhin erwähnten Momente des Begriffes sich zu vergegenwärtigen.

bb. Auf diese Vergegenwärtigung der Momente müßte zweitens ihre Erhebung folgen. Diese Erhebung aber müßte zum Vollzug kommen:

  aaa. Unter Anwendung von passenden Mitteln. Solche sind: Das Beispiel, das biblische oder nicht biblische; das Gleichniß, das biblische oder nicht biblische, und der Gegensatz.

  bbb. Im Anschluß an bereits vom Schüler Gewußtes.

cc. Die so erhobenen Momente müßten dann drittens mit einander verbunden werden, nicht bloß äußerlich (grammatisch), sondern auch innerlich durch Aufzeigung ihres logischen Zusammenhanges.

dd. Zur Bezeichnung aber des so dem Schüler zum klaren Bewußtsein gebrachten Begriffes wäre schließlich viertens das betreffende Begriffswort (fromm sein) zu verwenden.

Unterrichts = Probe.

Zum Behufe der Veranschaulichung des Dargelegten mag eine kurze Probe folgen, d. i. ein Bruchstück aus einer Entwickelungskatechese über den Begriff „fromm sein“. Wir schließen uns dabei an das schöne Gebetlein: „Lieber Gott, mach mich fromm“ ꝛc. an.

Lehrer: Ihr kennt gewiß alle das schöne Gebetlein: Lieber Gott ꝛc. Zu wem redest du, wenn du bittest: Lieber Gott, mach mich fromm?

Schüler: Ich rede zum lieben Gott.

L.: Um was bittest du den lieben Gott, wenn du sprichst: Lieber Gott, mach mich fromm?

Sch.: Ich bitte ihn um das, daß er mich fromm machen möge.

L.: Wenn aber irgend ein Beter den lieben Gott um etwas bittet, da sollte er doch notwendig wissen, was das ist, um das er bittet. Wer den lieben Gott um Geduld bittet, der sollte wissen, was Geduld ist; wer den lieben Gott bittet, daß er ihn demütig machen wolle, der sollte wissen, was das meint, demütig sein. Was sollte also auch derjenige wissen, der den lieben Gott bittet, daß er ihn fromm machen möge?

Sch.: Er sollte wissen, was das meint: fromm sein.

L.: Da auch ihr, wie ich hoffe, den Wunsch in euern Herzen traget, zu wissen, was fromm sein meint, so will ich jetzt versuchen, diesen euren Wunsch zu erfüllen. Ihr müßt aber auch recht aufmerksam sein. Ich kenne einen Groß= vater, zu dem war sein Nachbar an einem Sonntag Nachmittag zu Besuch gekommen. Da nimmt der freund= liche Großvater das Wort und spricht: „Wenn immer e i n Sonntag vorüber ist, da fange ich schon wieder an, mich auf den nächsten zu freuen, und wenn dann der nächste Sonntagmorgen angebrochen ist, kann ich kaum die Zeit erwarten, da man sich zum Hause Gottes auf den Weg macht." Auf welchen Tag freut sich also der gute Alte?

Sch.: Er freut sich auf den Sonntag.

L.: Und welches ist die Stätte, zu der er am Sonntagmorgen so mächtig sich hingezogen fühlt?

Sch.: Diese Stätte ist das Gotteshaus.

L.: Der Name, den ein Haus trägt, zeigt in der Regel an, wer darin wohnt. Was zeigt z. B. der Name Pfarr= haus an?

Sch.: Er zeigt an, daß der Pfarrer drin wohnt.

L.: Was wird also der Name „Gotteshaus" anzeigen?

Sch.: Er zeigt an, daß der liebe Gott drin wohnt.

L.: Weil der Pfarrer im P f a r r h a u s wohnt, wohin wird da wohl jemand gehen, der ein herzliches Verlangen hat, mit dem Pfarrer eine Unterredung zu führen?

Sch.: Er wird ins Pfarrhaus gehen.

L.: Und wohin wird jemand gehen, der ein herzliches Ver= langen nach einer Unterredung mit dem lieben Gott in seinem Herzen trägt?

Sch.: Er wird ins Gotteshaus gehen.

L.: Worin wird es also wohl seinen Grund haben, daß der wackere Großvater so gerne zum Gotteshause, oder, wie wir gewöhnlich sagen, zur Kirche geht?

Sch.: Es wird darin seinen Grund haben, daß er gerne mit dem lieben Gott eine Unterredung haben will.

L.: Mit dem lieben Gott eine Unterredung haben, das nennt man auch: mit ihm Gemeinschaft pflegen. Wonach sehnte sich also unser Großvater?

Sch.: Er sehnte sich darnach, mit Gott Gemeinschaft zu pflegen.

L.: Seht, Kinder, dies Sehnen oder Verlangen ist das erste von den Stücken, die im Herzen eines Menschen sich finden müssen, wenn er vor dem lieben Gott als ein frommer Mensch dastehen soll. Welches Verlangen wird also der liebe Gott in dein Herz pflanzen müssen, wenn er dein Gebet erhören und dich fromm machen will?

Sch.: Er muß das Verlangen nach Gemeinschaft mit ihm hineinpflanzen.

L.: Stellt euch nun vor, es sei jetzt Sonntag und der Großvater befinde sich im Gotteshause. Er ist gekommen, weil ihn darnach verlangte, mit Gott Gemeinschaft zu pflegen. Jetzt kann er thun, wonach ihn verlangte. Was dürfen wir deswegen auch von ihm annehmen?

Sch.: Wir dürfen annehmen, daß ers nun auch wirklich thut.

L.: Wir sagten vorhin, mit Gott Gemeinschaft pflegen hieße so viel, als mit ihm sich unterreden. Ihr seid doch alle schon oft in der Kirche gewesen. Wer von euch hat denn da schon einmal den lieben Gott reden hören? Niemand? Dann sagt mir doch: Wen habt ihr denn in der Kirche reden hören?

Sch.: Wir haben den Prediger reden hören.

L.: Aber wessen Wort war es denn, das er verkündigt hat?

Sch.: Es war Gottes Wort.

L.: Wenn man aber in der Predigt Gottes Wort zu hören bekommt, wer ist da also eigentlich derjenige, welcher redet?

Sch.: Es ist Gott der Herr.

L.: So ist es. Darum spricht denn auch der Herr Jesus zu seinen Jüngern: Wer euch höret, der höret mich. — Durch die Worte, die irgend ein Mensch zu uns redet, offenbart er seine Gedanken, seine Gesinnung. Was wird es denn wohl sein, das Gott der Herr offenbart durch sein Wort.

Sch.: Er offenbart auch seine Gedanken, seine Gesinnung.

L.: Welches ist denn wohl die Gesinnung, die ein menschlicher Vater gegen sein Kind in seinem Herzen trägt?

Sch.: Es ist die Gesinnung der Liebe.

L.: Wenn aber ein menschlicher Vater schon seine Kinder liebt, was dürfen wir da von dem himmlischen Vater annehmen?

Sch.: Wir dürfen annehmen, daß er auch seine Kinder liebt.

L.: Wodurch hat denn der himmlische Vater am allerdeutlichsten gezeigt, nicht bloß, daß er uns wirklich liebt, sondern auch, wie unaussprechlich groß seine Liebe ist?

Sch.: Das hat er dadurch gezeigt, daß er seinen Sohn gab.

L.: Weil nun die Offenbarung dieser Liebe den hauptsächlichsten Inhalt der christlichen Predigt bildet, welches Gefühl muß da unter dem Anhören der Predigt im Herzen eines Kindes Gottes sich einstellen?

Sch.: Das Gefühl dankbarer Freude.

L.: Und welches wird diejenige Gesinnung im Herzen des Kindes sein, aus welcher diese dankbare Freude herauswächst?

Sch.: Es ist die Gesinnung der Liebe.

L.: Man nennt die Liebe zu Einem, der uns zuerst geliebt, und der durch seine Liebeserweisung unsere Liebe zu ihm angezündet hat, G e g e n liebe. Was also wird bei einem Kinde Gottes unter dem Anhören der Predigt sich einstellen?

Sch.: Dankbare Gegenliebe.

L.: Nun aber wißt ihr ja: Weß das Herz voll ist, davon geht der Mund über. Wozu wird also ein Kind Gottes, welchem sich unter dem Anhören der Predigt die große Liebe Gottes so reichlich hat zu schmecken gegeben, sich gedrungen fühlen?

Sch.: Es wird sich gedrungen fühlen, seinen Mund über= fließen zu lassen.

L.: Wovon denn überfließen zu lassen?

Sch.: Von dankbarer Gegenliebe.

L.: Wie nennt man denn jegliches Reden eines Kindes Gottes zu seinem himmlischen Vater?

Sch.: Das nennt man b e t e n.

L.: Wo es nun bei einem Kinde Gottes, während es sich im Gotteshause befindet, so zugeht, daß es recht aufmerksam zuhört, wenn der himmlische Vater in der Predigt z u i h m redet, und daß es darnach, wenn ihm unter dem Zuhören das Herz voll geworden ist, von dankbarer Gegenliebe, seinem himmlischen Vater recht herzlich dankt, und überdies ihm alles sagt und klagt, was es auf dem Herzen und Gewissen hat, da findet eine wirk= liche Gemeinschaftspflege statt. Diese Gemeinschafts= pflege ist nun das z w e i t e von den Stücken, die bei einem Menschen sich finden müssen, wenn er vor Gottes Augen als ein frommer Mensch dastehen soll. Wozu wird also der liebe Gott auch d i c h antreiben müssen, wenn er dein Gebet erhören und dich fromm machen will?

Sch.: Zur wirklichen Gemeinschaftspflege mit ihm.

L.: Zwei Stücke haben wir also jetzt kennen gelernt, die zu wahrer Frömmigkeit gehören. Welches war das erste?

Sch.: Das erste war das Verlangen nach Gemeinschafts= pflege mit dem lieben Gott.

L.: Welches ist das zweite?

Sch,: Das zweite ist, daß man es an der Gemeinschaftspflege auch nicht fehlen läßt. —

Mit diesem Bruchstück mag's genug sein. Es ist daraus zu ersehen, wie die einzelnen Momente eines Begriffes zu erheben und wie sie mit einander zu verbinden sind.

δ. Der Wert der einzelnen Fragen in ihrem Ver= hältnis zu einander. In Beziehung darauf pflegt man Hauptfragen und Hilfsfragen von ein= ander zu unterscheiden. Hauptfragen heißen diejenigen, durch welche der Faden der Entwicklung eines Begriffes weiter gesponnen wird. Hilfsfragen dagegen nennt man diejenigen, deren man sich bedient, wenn auf eine Hauptfrage gar keine oder keine richtige Antwort gegeben worden ist.

c. Ueber die **Eigenschaften** der Frage. Die Frage sei: grammatisch korrekt, kurz und einfach, deutlich, bestimmt.

a. Grammatisch korrekt.

Dazu gehört:

1. Daß sie ein vollständiger Satz sei. Falsch also: Wenn du fromm bist, so bist du? Die Aus= sätzigen machte er? Richtig dagegen: Mit welchen Worten zeigt der Herr dem Kain an, wie er sein müsse, wenn sein (des Herrn) Wohlgefallen auf ihm ruhen solle? (Mit den Worten: Wenn du fromm bist, so bist du angenehm.) Was

erreichten die Aussätzigen, wenn sie den Herrn um Hilfe an=
riefen?

Mit der Forderung der Vollständigkeit des Fragesatzes
soll natürlich der Gebrauch a b g e k ü r z t e r Fragen nicht
ausgeschlossen sein. Dieselben haben aber blos da ihre
Stelle, wo sie im Zusammenhang einer Reihe von Fragen
und Antworten sich leicht selbst ergänzen, z. B.: Wie heißt
das erste Gebot? Wie das zweite? Das dritte? Zu den=
jenigen Fragen, welche als unvollständige gemieden werden
müssen, gehören auch die, welche den Schein der Vollständig=
keit haben, ohne in Wirklichkeit vollständig zu sein. Dieser
Schein ist namentlich da vorhanden, wo an die Stelle des
vollständigen Prädikats nur ein Teil (das Hilfszeitwort) tritt,
z. B.: Was muß, wer nicht hören will? Statt etwa: Wie
ergeht es dem, der nicht hören will?

2. Daß das Fragewort a n d e r S p i ß e stehe. Also
nicht: Das Papier braucht man wozu? sondern: Wozu
braucht man 2c.? Nicht: Petrus hat wen verleugnet?
sondern: Wen hat Petrus verleugnet? Bei z u s a m m e n =
g e s e ß t e n Fragen ist dies allerdings nicht immer thunlich.
Wo es nun nicht angeht, daß das Fragewort im e r s t e n Teil
eines zusammengesetzten Satzes a n d i e S p i ß e gestellt wird,
da sollte dies wenigstens im zweiten Teile geschehen. Also
nicht: Als der Herr in das Stadtthor zu Nain kam, da trug
man wen heraus? sondern: Als der Herr 2c., wen trug man
da heraus?

β. Sie sei k u r z u n d e i n f a ch.

Zur kurzen Frage bildet den Gegensaß die lange, zur
einfachen die vielgliedrige. Also nicht: „Wie sprach der
Herr Jesus zu dem, der ihn gefragt hatte, wer sein Nächster
sei, nachdem er ihm die Geschichte vom barmherzigen Sama=
riter erzählt und auf die Frage: Welcher ist der Nächste ge=

wesen dem, der unter die Mörder gefallen war? die Antwort
erhalten hatte: der die Barmherzigkeit an ihm gethan hat?"
Anstatt eine Frage in solcher Weise, wie es im vorstehenden
Beispiele geschieht, mit Stoff zu überladen, ist es ja viel
zweckmäßiger, den Stoff in m e h r e r e zu verteilen, etwa so:
In welcher Weise beantwortete Jesus die Frage des Schrift=
gelehrten: Wer ist denn mein Nächster? (Antwort: In
der Weise, daß er ihm die Geschichte vom barmherzigen Sama=
riter erzählte.) Wie fragte Jesus den Schriftgelehrten, nach=
dem die Erzählung des Gleichnisses vollendet war? Mit
welcher Aufforderung entließ er ihn dann?

γ. Sie sei d e u t l i c h,
d. i. so beschaffen, daß der Gefragte über den Sinn der Frage
nicht im Dunkeln gelassen wird. Die Frage: Wie soll es
nach dem Worte Gottes dem gehen, der im Unglauben stirbt?
ist deutlich. Die Frage dagegen: Worauf hofft der Un=
gläubige? ist undeutlich. Soll die Frage deutlich sein, so ist
folgendes zu beobachten:

1. Man v e r m e i d e m e h r b e u t i g e Ausdrücke.
Also nicht: Welchen Gebrauch macht man von dem Lande?

2. Man gebrauche in Fällen, wo die a k t i v e Form
eines Zeitworts einen Zweifel läßt, ob nach Subjekt oder
Objekt gefragt wird, die p a s s i v e. Statt: Was erschreckt
das Kind? frage man: Durch was wurde das Kind erschreckt?
Oder: Was wurde vom Kinde erschreckt?

3. Es werde das H i l f s verbum nicht wie ein H a u p t=
verbum behandelt, z. B.: Was hat Christus am Kreuz für
seine Feinde? (gebetet). Statt dessen: Welchen Beweis
von Feindesliebe gab der Herr, da er am Kreuze hing?

4. Es werde das Wort „thun" nicht mißbraucht. Also
nicht: Was sollen wir mit dem zeitlichen Leben thun, um
das ewige zu gewinnen? (Es verlieren.)

δ. Sie sei bestimmt,

d. i. so beschaffen, daß nicht mehrere Antworten von ganz verschiedenem Inhalte darauf gegeben werden können. Zu dem Ende muß

1. Die Bestimmung des Fragepunktes eine ausreichende sein. Also nicht: Wodurch wird jemand aufgenommen in das Reich Gottes? (Glaube oder Taufe) sondern: Durch welche kirchliche Handlung 2c.?

2. Das Fragedatum darf nicht zu allgemein sein. Also nicht: Was ist Gott für uns Menschen? sondern: Als was offenbart sich Gott damit, daß er uns seine Kinder nennt?

b. **Die Antwort.**

Wo immer einem Schüler vonseiten des Lehrers eine Frage vorgelegt wird, da muß von den zwei einzigen vorhandenen Möglichkeiten eine eintreten: entweder nämlich erfolgt eine Antwort, oder es erfolgt keine. Es fragt sich, was im einen und was im andern Falle zu thun ist.

α. Was ist zu thun, wenn keine Antwort erfolgt? Selbstverständlich ist es in diesem Falle die nächste Aufgabe des Lehrers, über die Ursache des Nichtbeantwortens der Frage ins Reine zu kommen. Bekanntlich giebt es hier vier verschiedene Möglichkeiten.

a. Es ist möglich, daß die Antwort ausbleibt, weil der Schüler die Frage nicht gehört oder behalten, oder weil er sie nicht verstanden hat.

1. Nicht gehört oder behalten. Wenn der Lehrer glaubt annehmen zu müssen, daß dieser Fall vorliege, so fordere er den Gefragten auf, die Frage zu wiederholen. Kann ers nicht, so ist ein anderer Schüler aufzufordern, es zu thun. Die Antwort soll aber der zuerst Gefragte geben.

2. **Nicht verstanden.** Wenn der Lehrer glaubt annehmen zu müssen, daß die Frage nicht verstanden sei, so fragt er zuerst: Hast du die Frage verstanden? Ist sie wirklich nicht verstanden, so werde sie vom Lehrer verständlich gemacht. Dies kann geschehen:

a. **Durch Veränderung der Form.** Z. B. Statt: Wessen können christliche Eltern zu ihren Kindern sich versehen, da sie ihnen einen Beweis der Liebe nach dem andern geben? (Keine Antwort.) Was können christliche Eltern von ihren Kindern erwarten, da sie ꝛc.?

b. **Durch Anwendung von Hilfsfragen.** Z. B.: Wie viele Werktage hat die Woche? (Keine Antwort, weil der Gefragte das Wort „Werktag" nicht versteht.) Du weißt, eine volle Woche hat sieben Tage. Wie heißt der erste derselben? (Sonntag.) Das ist kein Werktag, sondern ein Feiertag. Aber alle die übrigen heißen Werktage. Wie heißt derjenige Werktag, welcher sich an den Sonntag anschließt? (Montag.) Wie derjenige, welcher auf den Montag folgt? Wie der nächste? u. s. w. Wer kann mir nun sagen, wie viele Werktage die Woche hat?

β. Es ist möglich, daß der Schüler nicht antwortet, weil er die Antwort nicht weiß. Hier sind folgende Fälle denkbar: Das Kind wird etwas gefragt, was es noch nicht gelernt hat, oder was zu wissen über seine Fähigkeit hinausgeht, die Frage war also zu schwer; oder es wird etwas gefragt, das es wissen könnte und sollte, aber das Gedächtnis versagt den Dienst.

1. Die Frage war zu schwer. In diesem Falle liegt die Schuld daran, daß keine Antwort erfolgte, am Lehrer. Er hat mit seiner Frage vom Kinde Unmögliches gefordert. Er mag sich dadurch zur Vorsicht mahnen lassen. Für diesmal lege er dieselbe Frage, nachdem das die Antwort schuldig gebliebene Kind durch eine kurze Bemerkung gerechtfertigt worden ist, einem andern Schüler vor.

2. Das Gedächtnis versagt, weil die Einprägung eine zu oberflächliche gewesen, den Dienst. Ehe in diesem Falle der Lehrer mit seiner Frage an einen andern Schüler sich wendet, mag er erst seiner Unzufriedenheit über das Ausbleiben der Antwort durch Blick oder Wort einen Ausdruck geben. Weiß aber kein Schüler aus der Klasse zu antworten, so mag der Lehrer den Schülern entweder irgendwie zu Hilfe kommen, oder er mag die Antwort einfach selber geben.

γ. Es ist möglich, daß die Antwort ausbleibt entweder, weil der Schüler aus Schüchternheit nicht zu reden wagt, oder weil es ihm an einem entsprechenden Ausdruck mangelt, oder weil er fürchtet, seine Antwort könne falsch oder verkehrt sein und darum leicht einen Tadel von Seiten des Lehrers, oder Gelächter von Seiten der Schüler im Gefolge haben. Was ist zu thun, wenn die Antwort ausbleibt:

1. Aus Schüchternheit des gefragten Kindes. In diesem Falle ist ein freundliches Entgegenkommen des Lehrers das beste Mittel hier zu helfen.

2. Aus Mangel an entsprechendem Ausdruck. In diesem Falle werde der Frage eine andere und zwar eine solche Form gegeben, durch welche die Beantwortung derselben in formeller Hinsicht erleichtert wird.

3. Aus Furcht vor den etwaigen Folgen. In diesem Falle sei der Lehrer darauf bedacht, die Ursachen dieser Furcht zu beseitigen.

δ. Es ist möglich, daß der Schüler nicht antwortet, weil er nicht will, also aus schändlichem Trotze. Es liegt dann meistens der Verweigerung der Antwort die Absicht zu Grunde, den Lehrer durch dieselbe zu ärgern oder gar zu ungebührlichem Handeln zu reizen.

In diesem Falle dürfte in der Regel dem Trotzkopf damit die unangenehmste und zugleich heil= samste Ueberraschung bereitet werden, daß der Lehrer in aller Ruhe ihm einen Besuch im elterlichen Hause an= kündigt, bei welcher Gelegenheit ihm dann die Frage abermals vorgelegt werden solle.

b. Was ist zu thun, wenn eine Antwort gegeben wird. Zweierlei ist zu thun. Fürs erste ist die Antwort von Seiten des Lehrers nach Form und Inhalt in Betracht zu ziehen, und fürs andere ist sie richtig zu behan= deln.

a. Es ist von Seiten des Lehrers darauf zu achten, ob die Antwort den Anforderungen, welche an sie gestellt werden müssen, nach Form und Inhalt ent= sprechend ist, oder nicht.

1. Nach der Form, d. i. also in sprachlicher Hinsicht.

Würde auf die Frage: Wessen Sohn ist Salomo? die Antwort gegeben: „Dem David sein Sohn," statt: „Er ist Davids Sohn". Oder auf die Frage: Was heißt „sün= digen"? erfolgte die Antwort: „Wenn wir Gottes Gebote

übertreten", statt: „Sündigen heißt Gottes Gebote über=
treten". Oder auf die Frage: Was hast du heute Vormittag
vor Beginn des Unterrichts gethan? würde geantwortet:
„Ich habe mit „die Kinder" gespielt", statt: „Ich habe mit
den Kindern gespielt", so wären dies lauter formell
unrichtige Antworten.

Zur guten Form gehört aber auch dies, daß in der
Regel die Frage in die Antwort aufgenommen werde.
Also, auf die Frage: Wie lautet der Eingang zu den sieben
Bitten im Gebet des Herrn? ist zu antworten: Der Ein=
gang lautet: Vater unser, der du bist im Himmel.

2. Nach dem Inhalt.

Wenn eine Antwort bezüglich ihres Inhaltes den
Anforderungen entsprechen soll, die an sie gestellt werden, so
darf das in der Antwort Gesagte nicht falsch sein,
und es darf die Antwort nicht mehr und nicht weniger
enthalten, als in der Frage gefordert wird. Würde auf die
Frage: Wie lange vor Christi Geburt lebte und wirkte
Moses? die Antwort gegeben: „Er lebte 2000 Jahre vor
Christo", so wäre die Antwort bezüglich ihres Inhaltes
falsch. Würde auf die Frage: Wie viele Söhne hatte
Isaak? geantwortet: „Isaak hatte zwei Söhne", so wäre die
Antwort korrekt. Würde aber noch hinzugefügt: „der eine
hieß Esau, der andere Jakob", so enthielt sie mehr als in
der Frage begehrt wurde. Sie wäre also inkorrekt. Würde
auf die Frage: Wie lautete der Lobgesang, den die himm=
lischen Heerschaaren in der Nacht der Geburt Christi anstimm=
ten, die Antwort gegeben: Er lautete: „Ehre sei Gott in der
Höhe", so wäre dieselbe, weil sie weniger enthielt, als die
Frage verlangt, inkorrekt.

β. Es ist die Antwort von Seiten des Lehrers richtig zu
    behandeln, und zwar sowohl diejenige Antwort,

welche als nach Form und Inhalt richtig von ihm befunden wird, als auch diejenige, die nicht als den an sie zu stellenden Anforderungen entsprechend anerkannt werden kann. Es fragt sich, was der Lehrer im einen und im andern Falle zu thun hat.

1. Was, wenn sie richtig ist.

In diesem Falle wird er sie für gewöhnlich einfach als richtig hinnehmen, und in seinem Unterricht weiter gehen. Angesichts aber der Möglichkeit, daß die ihm vorliegende richtige Antwort entweder eine bloß auswendig gelernte (während nicht nach Auswendiggelerntem gefragt wurde), oder eine eingeflüsterte, oder zufällig erratene sein kann, wird er hie und da einmal auszufinden suchen, welchen Anteil der Antwortende selber an der gegebenen Antwort hat. Zu dem Ende wird er die gegebene Antwort mit den Fähigkeiten und Kenntnissen des Gefragten vergleichen. Ein solcher Vergleich wird ihn meistenteils zum gewünschten Ziele führen. Stellt sich heraus, der, welcher die Antwort gab, hat kein Verständnis von dem, was seine Antwort besagt, so ist hier nachzuhelfen.

2. Was, wenn sie nicht richtig ist.

a. Der Form nach.

Eine der Form nach nicht richtige Antwort darf nicht so hingenommen werden, als ob sie korrekt wäre, sondern sie muß berichtigt werden. Traut der Lehrer dem Schüler die Fähigkeit zu, dies selbst zu thun, so ist der letztere hierzu aufzufordern. Kann er es nicht, so geschehe es von dem Lehrer.

b. Dem Inhalte nach.

Hat der Lehrer eine sachlich unrichtige Antwort erhalten, weil er dies durch seine fehlerhafte Frage selbst verschuldet hat, so korrigiere er seine Frage. Liegt die Ursache davon, daß eine falsche Antwort gegeben wurde, am Schüler, so ist die Ursache zu erforschen und das weitere Verhalten des Lehrers hat sich nach dem zu Tage getretenen Resultate zu richten. Als die gewöhnlichsten Ursachen werden sich ergeben: Unaufmerksamkeit, Mißverstand der Frage und Mangel am vorausgesetzten Wissen. Liegt der Verdacht der Unaufmerksamkeit vor, so werde der Schüler aufgefordert, die Frage zu wiederholen; liegt der Verdacht des Mißverstandes der Frage vor, so werde er aufgefordert, über den Sinn der Frage sich auszusprechen; fehlts am nötigen Wissen, so muß die zutage getretene Lücke ergänzt werden.

IV. Mit der rechten Unterrichtsmethode.

A. Methode des Unterrichts in der biblischen Geschichte.

1. **Zweck.** Wir fassen hier bloß den Hauptzweck ins Auge. Derselbe ist ein doppelter.

   a. Zunächst soll die religiöse Wirkung erzielt werden, welche hervorzubringen die Einzelerzählung um deswillen so geeignet ist, weil jede erzähltwerdende Thatsache eine Offenbarung der unendlichen Liebe des treuen Gottes ist, welche Liebe sich während des Erzählens in unmittelbarster Weise den Kinderherzen zu schmecken giebt.

   b. Zum andern soll durch den Unterricht in der biblischen Geschichte der Grund gelegt werden für jeden weiteren Religionsunterricht. Ist es doch geradezu ein Ding der Unmöglichkeit, die Kinder zu

einer rechten Erkenntnis der Heils- und Glaubens-
lehren zu bringen, wenn es an dieser Grundlage fehlt.

2. Auswahl. Eine solche ist schon um deswillen notwendig, weil das Material zu umfassend ist, als daß es
in seiner Vollständigkeit bewältigt werden könnte. Da
von der Auswahl, wie sie in dem in unsern Schulen eingeführten Historienbuche vorliegt, gesagt werden muß,
daß sie eine wirklich gute ist, so brauchen wir bei diesem
Punkte uns nicht aufzuhalten.

3. Verteilung des durchzunehmenden Materials auf
die gesamte Schulzeit.

Da wir bei diesem Büchlein vornehmlich unsere Schulen
in den Landgemeinden im Auge haben, so wollen die besonderen Verhältnisse gebührend berücksichtigt werden. Zu
diesen besonderen Verhältnissen gehört vor allen Dingen
der Umstand, daß die jährliche Unterrichtszeit selten länger
als sieben Monate währt.

Und da die Kinder in der Regel nicht vor dem siebenten
Lebensjahr in die Schule eintreten, und schon im drei-
zehnten sie wieder verlassen, so giebt das eine gesamte
Schulzeit von 6 Jahren.

Sieben Monate sind 30 Wochen. Rechnen wir für
jede Woche 2 Stunden Unterricht in der biblischen Geschichte, so giebt das $30 \times 2 = 60$ Stunden. Da nun aber
die zwei Stunden jeder vierten Woche zur Repetition
verwendet werden müssen, nämlich des in den drei
vorhergegangenen Wochen durchgenommenen Materials,
so gehen in den sieben Monaten $7 \times 2 = 14$ Stunden
für den fortschreitenden Unterricht verloren, und es bleiben
nur 46 Stunden für denselben übrig. Auf diese also ist
das gesammte Pensum für jedes einzelne Jahr zu verteilen.
Der Verfasser empfiehlt folgende Verteilung:

In unserem Lehr= und Lernbuch für biblische Ge=
schichte umfaßt die alttestamentliche biblische Geschichte
147 Seiten. Zwei Drittel davon wären also circa 100
Seiten. Auf diesen 100 Seiten sind folgende Abschnitte
enthalten: 1) die Urgeschichte, 2) die Patriarchengeschichte,
3) die Geschichte Mose und Josua, 4) die Zeit der Rich=
ter. Die vier Rubriken umfassen 31 Erzählungen.
Diese 31 Erzählungen sollten das Pen=
sum des ersten Schuljahres bilden.

Die drei folgenden Abschnitte, welche das letzte Drittel
der alttestamentlichen Geschichte bilden, umfassen circa
50 Seiten (S. 98—147). Die Abschnitte, welche in
diesem Drittel enthalten sind, sind diese: 5) Die Zeit
der ersten drei Könige; 6) Von der Teilung des Reiches
bis zur babylonischen Gefangenschaft; 7) Von der baby=
lonischen Gefangenschaft bis Christi Geburt. Diese drei
Rubriken umfassen 20 Erzählungen. Zu diesem letzten
Drittel der alttestamentlichen Geschichte sollte das erste
Drittel der neutestamentlichen Geschichte hinzugenommen
werden. In unserm Lehr= und Lernbuch umfaßt die neu=
testamentliche Geschichte 133 Seiten (S. 155 bis 288).
Ein Drittel davon = 44 Seiten. Nehmen wir statt 44
blos 41 (S. 155—196). Auf diesen 41 Seiten sind fol=
gende Abschnitte enthalten: 1) Die Kindheit Jesu, 2) das
Lehramt und die Wunder Jesu (bis zu den Gleichnissen).
Diese zwei Rubriken umfassen 19 Erzählungen. Die 20
Erzählungen des letzten Drittels der alttestamentlichen
Geschichte, und die 19 des ersten Drittels der neutesta=
mentlichen Geschichte machen zusammen 39 auf 50 + 41
= 91 Seiten. Diese 39 Erzählungen soll=
ten das Pensum des zweiten Schuljahres
bilden.

Diejenigen Abschnitte, welche die zwei übrigen Drittel der neutestamentlichen Geschichte bilden, umfassen 88 Seiten (S. 197—288). Diese 88 Seiten enthalten 49 Erzählungen. Nach unserm Lehrbuch allerdings nur 33. Aber in demselben werden die 17 Gleichnisreden des Herrn unter e i n e r Nummer zusammengefaßt. Zur obigen Zahl 33 muß also die Zahl 16 noch hinzugezählt werden. 33 + 16 = 49. D i e s e 49 E r z ä h l u n g e n (die ganz wohl, da einige kürzere Gleichnisse darunter sind, zusammen genommen werden können) s o l l t e n d a s P e n s u m d e s d r i t t e n S c h u l j a h r e s b i l d e n. Aus dem Gesagten ergiebt sich, daß die gesamte biblische Geschichte in der gesamten Schulzeit z w e i m a l durchgenommen werden kann. Das ist einerseits nötig und andererseits genug.

4. F o r m d e s T e x t e s u n d V o r t r a g s.

   a. Des T e x t e s. Der Text des Historienbuches soll sich so genau als möglich ans Bibelwort anschließen, und zwar nicht allein, was den I n h a l t, sondern auch was die F o r m betrifft.

   b. Des V o r t r a g s. So ernstlich die Forderung gemeint ist, daß der im Historienbuche vorliegende Text mit Bibelworten wiedergegeben werde, so ernstlich bestehen wir darauf, daß die mündliche Erzählung des Lehrers eine freie Reproduktion des von ihm sich angeeigneten Materials sei.

5. B e h a n d l u n g. Wir halten folgendes Verfahren für das zweckentsprechendste:

   a. Die g a n z e Geschichte, welche in der betreffenden Geschichtsstunde durchgenommen werden soll, werde vom Lehrer ohne Unterbrechung mit derjenigen inneren

Wärme, welche dem heiligen Gegenstande entspricht, erzählt.

b. Dann werde sie, wenn sie nicht ein ungegliedertes kurzes Ganze ist, ab schnitt s weise behandelt, so zwar, daß ein kleiner Abschnitt zuerst nochmals vom Lehrer vorerzählt wird, woran sich Zerglie= derungs fragen knüpfen und die nötigsten sach= lichen Erklärungen anschließen. Wo sich's um geographische Erläuterungen handelt, ist natür= lich die Karte zu gebrauchen. Ebenso wird es mit den folgenden Abschnitten gehalten.

c. Hierauf folge das Lesen der erzählten Geschichte von Seiten der Kinder, aber nur solcher, welche der Oberklasse angehören.

d. Endlich mag man das, was nun Eigentum der Kinder geworden ist, von einzelnen derselben wieder= erzählen lassen.

Es versteht sich von selbst, daß der Lehrer darauf bedacht sein muß, seinen Unterricht so einzurichten, daß weder die reifsten Schüler der Oberklasse, noch die zuletzt eingetretenen in irgend einer Stunde unbe= rücksichtigt bleiben, oder gar leer ausgehen.

Unterrichtsprobe No. 1.

Die Geschichte von Kain und Abel.

Ihr wißt bereits, die beiden ersten Menschen waren Abam und Eva. Zuerst habe ich euch von ihnen erzählt, wie sie vom lieben Gott erschaffen worden sind. Darnach, wo sie gewohnt haben, nämlich in dem schönen Para= diese. Und in der letzten Stunde habt ihr gehört, wie sie von der Schlange sich haben bereden lassen, von der ver=

botenen Frucht zu essen, und daß man dies den Sündenfall nennt.

Heute nun will ich nicht wieder von Adam und Eva, sondern von ihren Kindern euch erzählen. Adam und Eva hatten zwei Söhne. Der eine hieß Kain, der andere hieß Abel. Kain war ein Ackermann, oder wie man hierzulande sagt, ein Farmer; Abel dagegen war ein Schäfer, oder Schafhirte. Weil sie wußten, daß alles, was sie hatten, vom lieben Gott ihnen geschenkt worden war, so wollten sie sich gegen ihn dankbar erzeigen. Das aber sollte ihr Dank sein, daß jeder von ihnen dem lieben Gott eine Gabe darbrachte. Kain brachte von den Früchten, die auf seinem Felde gewachsen waren, und Abel von den jungen Schafen aus seiner Herde. Um aber anzuzeigen, daß sowohl die Früchte des Feldes, als auch die jungen Schafe aus der Herde für den lieben Gott bestimmt seien, so baute jeder der Brüder einen Altar und legte seine Gaben darauf, also Kain seine Feldfrüchte und Abel seine geschlachteten Lämmer, und zündeten dann ein Feuer an, das dieselben verbrannte. Das nannte man dem Herrn ein Opfer darbringen.

Nun möchtet ihr wohl gerne wissen, wie die beiden Opfer vom lieben Gott angenommen worden sind. Ich wills euch sagen. Auf Abel und seinem Opfer ruhte das Auge Gottes mit großem Wohlgefallen. An Kain aber und seinem Opfer hatte er kein Wohlgefallen. Darüber ergrimmte Kain, das meint, es stellte sich ein großer Zorn in seinem Herzen ein, und seine Geberden verstellten sich, das meint, er machte auch ein sehr zorniges Gesicht.

Da sprach der liebe Gott zu ihm: „Warum ergrimmest du und warum verstellen sich deine Geberden? Ists nicht also: Wenn du fromm bist 2c. — — über sie." So weit für heute.

Wie viele Söhne hatten Adam und Eva? Wie hießen sie? Wie wird Kain genannt, weil er den Acker bebaute? Und wie Abel, weil er sich hauptsächlich mit der Versorgung seiner Schafe beschäftigte?

Weil sie nun wußten, daß alles, was sie besaßen, ein Geschenk vom lieben Gott war, wie wollten sie sich da gegen den lieben Gott erzeigen? Und was wollten sie deshalb thun? Welche Gabe wählte Kain für den Herrn aus? Und welche Abel? Wie machten sie es dann aber, um anzuzeigen, daß die Gaben für den Herrn bestimmt seien? Wie nennt man das, wenn dem Herrn Gaben dargebracht werden?

Wessen Opfer sah der Herr g n ä d i g an, d. h. wessen Opfer fand sein freundliches Wohlgefallen? Und wessen Opfer sah er n i c h t gnädig an?

Was stellte sich im H e r z e n Kains ein, als er sah, daß der Herr an ihm und seinem Opfer kein Wohlgefallen hatte? Und was für ein G e s i c h t machte er? Wie sprach da der liebe Gott zu ihm? Worin hatte es also seinen Grund, daß Gott an ihm und seinem Opfer kein Wohlge= fallen hatte? So ist's. Kain war nicht fromm. Mit seinen H ä n d e n brachte er wohl dem Herrn ein Opfer dar, aber in seinem H e r z e n war keine Liebe und keine rechte Dankbarkeit gegen den Herrn: Darum versäumt es ja nicht, liebe Kinder, immer wieder den Herrn anzurufen: Lie= ber Gott, mach mich fromm 2c.

Unterrichtsprobe No. 2.
Kain und Abel.

Die Geschichte, welche ich euch soeben erzählt habe, ist diejenige, welche uns den e r s t e n b i b l i s c h e n B e r i c h t v o n e i n e r O p f e r u n g b r i n g t. Aus welchen Gaben bestand das, was Kain opferte? Und aus welchen das, was Abel opferte? Was wird denn damit ausgedrückt, daß man eine Gabe ein O p f e r nennt? Es fragt sich nun, worauf es bei einem Opfer ankommt, wenn der Herr es gnädig ansehen soll. Wessen Opfer wurde denn hier gnädig angesehen? Und was wird vom Opfer Kains gesagt? Welches war die F o l g e davon, daß der Herr den Kain und sein Opfer n i c h t g n ä d i g ansah? (Da ergrimmete 2c.) Mit welchen Worten wurde er deshalb vom Herrn zurechtgewiesen? Ihr merkt, hier giebt der Herr den G r u n d an, um dessen willen er Abel und sein Opfer gnädig angesehen hat, ihn aber und sein Opfer nicht. Welches ist der angegebene Grund? (Abel war fromm und er nicht.)

Wie nennt man denn diejenigen Gaben, die an den Sonn= und Festtagen nach der Predigt in den Klingelbeutel, oder in einen aufgestellten Teller gelegt werden? (Opfer.) Und wie nennt man die, welche z. B. bei Missionsfesten gesammelt werden? Warum nennt man sie O p f e r? Es giebt Leute, welche der Meinung sind, es wäre alles gethan, was der Herr von ihnen begehrt, wenn sie nur überhaupt Etwas einlegen, namentlich aber, wenn sie eine ziemlich beträchtliche Gabe einlegen. Die können aus unserer Geschichte lernen, daß sie gar sehr sich irren. In welchem Falle nur werden sie und ihre Gaben von Gott gnädig angesehen? Ihr kennt das Wort des Herrn, das er einst zu Abraham sprach: „Ich bin der allmächtige Gott, wandle vor mir und sei f r o m m." Hier erfahren wir, was der Herr meint, wenn er sagt: Sei fromm. Er meint, daß Abraham i h n v o r A u g e n haben und von seinem Worte sich leiten lassen solle. Damit wißt ihr nun aber auch, was i h r zu thun habt, damit e u r e Opfer dem Herrn gefallen.

B. Katechismusunterricht.

1. **Zweck.** Durch den Katechismusunterricht soll ein Zwiefaches erreicht werden:

   a. Zunächst soll er dazu dienen, die Kinder mit der christlichen Heils- und Glaubenslehre bekannt zu machen.

   b. Zum andern dazu, sie im Herzen und Gewissen von der Wahrheit dieser Lehre, d. i. von der völligen Uebereinstimmung derselben mit dem Worte Gottes zu überzeugen und auf diesem Wege den Samen der heilsamen Lehre in ihre Herzen zu pflanzen.

2. **Grundlage.** Dem Unterricht ist selbstverständlich zu Grunde zu legen der kleine Katechismus von Dr. M. Luther.

3. **Einteilung des Materials.** Da auf den Katechismusunterricht ebenso, wie auf den Unterricht in der biblischen Geschichte wöchentlich zwei Stunden zu verwenden sind, so bleiben auch für ihn, nach Abzug der zur Repetition nötigen Zeit für jedes Schuljahr (von sieben Monaten) nur 46 Stunden. Hiernach hat man sich also bei der Einteilung des Materials zu richten.

   Unseres Erachtens ist es eine zweckmäßige Einrichtung, wenn die Schüler im ersten Schuljahr mit dem Text des ersten Hauptstückes und der beiden ersten Artikel des zweiten bekannt gemacht werden; wenn im zweiten Schuljahr die von Dr. Luther gegebene Auslegung dieser Stücke gelernt wird; wenn im dritten Schuljahr zuerst der dritte Artikel des zweiten Hauptstückes samt Auslegung gelernt, und dann, anlehnend an eine Repetition des bisher Gelernten (Text, Auslegung und einzelner ausgewählter Sprüche), nun alle wichtigeren Sprüche, die zum

erſten und zweiten Hauptſtücke gehören, gelernt werden,
wenn man ſich im v i e r t e n Schuljahre mit dem dritten
und vierten Hauptſtück ſamt Sprüchen, im f ü n f t e n mit
dem fünften Hauptſtück nebſt Sprüchen, dem Amt der
Schlüſſel, der Beichte, der Haustafel und den chriſtlichen
Frageſtücken ſich beſchäftigt. Im ſe ch ſt e n Schuljahr, in
welches der Konfirmandenunterricht fällt, haben die Konfirmanden k e i n e n Katechismusunterricht in der Schule.

Neben dieſer Einteilung iſt aber noch eine z w e i t e
nötig. Wir haben nämlich auf unſerem Stundenplan
(Siehe denſelben am Ende dieſes Büchleins) jede Katechis-
musſtunde in zwei Hälften zerlegt. Unter Rubrik „B e-
h a n d l u n g“, die gleich auf die Rubrik „V e r t e i l u n g“
folgt, wird über die Verwendung jeder der beiden halben
Stunden Auskunft gegeben. Mit Rückſicht auf den Unterricht in der z w e i t e n halben Stunde halten wir folgende Einteilung für die zweckmäßigſte: E r ſt e s Jahr:
Vom Anfang des Fragebüchleins bis zum Ende vom
T e r t des dritten Artikels (Seite 23 bis Seite 82);
z w e i t e s Jahr: Vom Beginn der Auslegung des dritten
Artikels bis zum Ende des Fragebüchleins (Seite 82 bis
Seite 142). In den 46 halben Stunden jedes Jahres
ſind alſo 60 Seiten des Fragebüchleins durchzunehmen.
Das macht für jede halbe Stunde etwa 1½ Seiten. Das
iſt nicht zu viel und nicht zu wenig.

4. B e h a n d l u n g. Da beim Katechismus ebenſo, wie beim
Unterricht in der biblischen Geschichte a l l e Klaſſen zuſam-
mengenommen werden, ſo empfiehlt der Verfaſſer folgendes
Verfahren:

Jede Unterrichtsſtunde wird in zwei Hälften geteilt.
a. Verfahren in der e r ſt e n H ä l f t e. In derſelben
wird

a. Was jeder der drei Klassen für diese Stunde auf= gegeben war, abgehört. Wenn die Zeit aus= reicht (also bei geringerer Schülerzahl) sollten alle Schüler zum Wort kommen, wenn das nicht der Fall ist, finde eine Auslese statt.

b. Ist das Abhören bei einer Klasse zu Ende, so mögen einige Zergliederungsfragen gestellt und einige nötige Erläuterungen gegeben werden.

c. Nachdem das sub a. und b. Gesagte geschehen ist, werden sofort die Aufgaben für die nächste Stunde, die sich der Lehrer zu Hause bereits bei der Vor= bereitung in seinem Aufgabenbüchlein notiert hat, gegeben.

d. Alle Schüler der drei Klassen sind anzuhalten, beim Aufsagen, sowohl von Katechismusabschnitten, als auch von Bibelsprüchen aufmerksam zuzuhören. Es ist dies ein vortreffliches Mittel zur Befesti= gung des zuvor Gelernten.

Was in dieser ersten halben Stunde geschieht, dient vornehmlich dem sub 1. a. angegebenen Zweck.

b. Verfahren in der zweiten Hälfte. Diese zweite halbe Stunde wird vornehmlich dazu benutzt, den Kindern zu einem ihrem Alter ꝛc. entsprechenden Ver= ständnis des Katechismus mit seinen Sprüchen, und zu heilsamen Eindrücken auf das Herz zu verhel= fen. Zu dem Ende geschehe ein Zwiefaches:

a. Es werde ein Abschnitt des Katechismus, und zwar derjenige, welcher, weil diese Erklärung eine fort= laufende ist, heute an die Reihe kommt, in ent= sprechender Weise erklärt. Diese fortlaufende Er= klärung ist, was den Umfang anlangt, so einzu= richten, daß der Lehrer in jedem Jahre mit dem

Pensum dieses Jahres fertig wird. Durchschnitt-
lich 1½ Seite des Fragebüchleins. — Es ist also
nicht unsere Meinung, daß der Lehrer in der
zweiten halben Stunde die in der ersten abgehörten
Aufgaben erklären solle, sondern nur den heute an
die Reihe kommenden Abschnitt.

b. Mit diesem fortlaufenden Erklären gehe Hand
in Hand eine solche Verwendung der
Sprüche, wie sie dem Zwecke ihrer Auf-
nahme in den Katechismus entspricht. Da sie
nämlich als Zeugnisse des göttlichen Wortes für
die Wahrheit der in dem betreffenden Katechismus-
abschnitt dargelegten Lehre dienen sollen, so werde
das einemal ein Spruch verlangt, mit
dem ein ausgesprochener Lehrsatz als göttliche
Wahrheit erwiesen werden soll, das anderemal werde ein Spruch genannt, und dann
gefragt, welche Lehre damit als richtig erwiesen
wird. Derjenige Spruch, welcher so entweder
vom Lehrer, oder auf sein Erfordern vom
Schüler gesagt worden ist, wird dann, wenn
nötig, kurz erklärt. (Siehe Unterrichtsprobe
No. 3.)

c. Beim Gebrauch des Fragebüchleins
dürfte folgendes Verfahren das empfehlenswerteste
sein:

α. Der Lehrer lese von dem vorliegenden Abschnitt eine Frage nach der andern vor und
ein Schüler der Oberklasse lese die Antworten.

β. Der Lehrer wiederhole die vorgelesenen
Fragen in freier Weise und lasse die Antwor-

ten in freier Weise, also ohne Benutzung des Buches, wiedergeben.

γ. Sollten hierbei Lücken im Verständnis zu Tage
treten, so wird durch zu erteilende Aufschlüsse
dem Mangel abgeholfen.

Unterrichtsprobe No. 1.

Lehrer: Ich will euch das dritte Gebot vorsprechen: Du
sollst den Feiertag heiligen. Ich wills noch einmal 2c.:
Du sollst 2c. Wie heißt das dritte Gebot?

Schüler: Du sollst 2c. (Jetzt wird das Gebot von jedem
Schüler der Abteilung wiederholt.)

L.: Was sollst du thun nach dem dritten Gebot? Welchen
Tag sollst du heiligen? Du weißt, es giebt einen Tag,
der heißt Sonntag. Auf den Sonntag folgt der
Montag. Auf den 2c. Am Montag, und am Diens-
tag und am 2c. da arbeiten die Leute. Jedermann
thut da sein Werk. Darum nennt man diese Tage
Werktage. Wie nennt man sie? Warum nennt
man sie so? Nicht so ists am Sonntage. Da wird
nicht gearbeitet, sondern geruht. Was geschieht
am Sonntage? Statt „geruht" kann man auch sagen:
„gefeiert". Darum, weil am Sonntag gefeiert
wird, nennt man ihn Feiertag. Wie nennt 2c.

Nun sag mir noch einmal das dritte Gebot! Was
sollst du mit dem Feiertag thun?

Wohin geht denn dein Vater, wenn er am Sonntag
Morgen mit dem Gesangbuch unter dem Arm das
Zimmer verläßt? Bist du auch schon mit in der Kirche
gewesen? Ei, dann weißt du ja auch, was in der Kirche
geschieht, weißt, daß da gesungen wird, und daß

aus der heiligen Schrift vorgelesen wird, und daß da geprebigt und gebetet wird rc. Was geschieht in der Kirche? Was noch? rc. Nun merkt euch: Wenn man so am Feiertag in die Kirche geht, und in der Kirche singt, und auf die Predigt hört rc., dann heiligt man ihn. Was wirst du also thun, wenn du den Feiertag heiligen willst? —

Es ist für den lieben Heiland eine rechte Freude, wenn auch die Kinder schon den Feiertag heiligen.

Unterrichtsprobe No. 2.

Lehrer: Wir kommen heute zu der Frage: Was giebt oder nützt die Taufe? Wie antwortet unser Katechismus auf diese Frage? Hier wird also zuerst gesagt, was die Taufe wirket, und dann, bei wem sie das wirket. Wie lautet die erste Antwort auf die Frage nach der Wirkung der Taufe? (Sie wirket Vergebung der Sünden).

Ehe ich von den herrlichen Wirkungen der Taufe rede, möchte ich erst einmal die Auslegung vom zweiten Artikel hören. Wie lautet diese? Mit welchen Worten wird hier gesagt, wovon wir erlöset sind? (Mit: Von allen Sünden rc.) Und mit welchen wird gesagt, womit wir erlöst sind? (Mit seinem heiligen und teuren rc.) Ihr seht hieraus, erworben wurde die Vergebung der Sünde durch das Leiden und Sterben des Herrn Jesus. Und was nach dieser Erwerbung noch nötig ist, ist das, daß wir dieses erworbenen Heils auch teilhaftig werden. In seiner großen Liebe hat der treue Heiland auch dafür gesorgt. Wenn ein Arzt die für einen Kranken mitgebrachte Arznei demselben darreichen will, bedient er sich eines Löffels. Dieser Löffel ist das Mittel, das er zur Spen=

bung der Arznei gebraucht. So macht's auch der Herr Jesus. Er bedient sich auch gewisser Mittel, wenn er die heilsame Arznei der Vergebung der Sünden dem Sünder spenden will. Diese Mittel sind das Wort Gottes und die heiligen Sakramente, nämlich die Taufe und das Abendmahl. Wenn also hier von der Taufe gesagt wird, daß sie Vergebung der Sünden wirke, so meint das nichts anderes, als daß sie das Mittel sei, durch welches dem Täufling die durch Christum erworbene Vergebung der Sünde gespendet werde. Wo aber Vergebung der Sünden ist, da ist auch Leben (also Errettung vom Tode) und Seligkeit (also Errettung vom Teufel und der Hölle).

Ihr wißt nun, was die Taufe wirket. Wir müssen jetzt noch sehen, bei welchen Täuflingen die Taufe diese Wirkung hervorbringt. Sag noch einmal die Antwort auf die Frage: Was giebt oder nützt die Taufe? Im zweiten Teil dieser Antwort, da wird uns gesagt, was wir wissen wollen. Welche Täuflinge erlangen durch die Taufe Vergebung der Sünde? (Alle, die es glauben, wie 2c.) Ja, liebe Kinder, aufs glauben kommts an. Wer das Wort von der Vergebung hört, und glaubt dem Wort, der erlangt die durch das Wort dargebotene Vergebung. Und wer die heilige Taufe empfängt und glaubt, daß sie das Mittel ist, durch welches er der Vergebung der Sünde teilhaftig werden soll, der erlangt die durch sie dargebotene Vergebung. — Hier bemerke der Lehrer noch, daß er in der nächsten Stunde von der Kindertaufe handeln werde.

Unterrichtsprobe Nr. 3.

Lehrer: Ihr habt Sprüche zur zweiten Frage des vierten Hauptstückes gelernt. (Dieselben werden abgehört.)

1. Ich möchte einen Spruch hören, aus dem zu ersehen ist, daß durch die Taufe wirklich Vergebung der Sünden erlangt wird. (Thut Buße und lasse ein jeglicher sich taufen auf den Namen Jesu Christi zur Vergebung der Sünden, so werdet ihr empfahen die Gabe des heiligen Geistes.) Aus diesem Spruche lernen wir aber nicht bloß, daß wir durch die Taufe Vergebung der Sünden erlangen, sondern auch, wie dies zugeht. Von welcher andern Gabe nämlich ist in diesem Spruch noch die Rede? (Von der Gabe des heiligen Geistes.) Seht, weil der heilige Geist vom Vater und vom Sohne ausgeht, so bringt er das ganze Heil, das der Sohn erworben hat, dahin mit sich, wo er Einkehr hält. Nun sagt uns unser Spruch, daß diejenigen, die sich taufen lassen, wenn sie bußfertig sind, mit dem heiligen Geist begabt werden. Wer also die Gabe des heiligen Geistes erlangt, der empfängt eben in und mit dieser Gabe die Vergebung der Sünden.

2. Der Herr Jesus hat uns das Heil erworben durch seinen Gehorsam. Dieser Gehorsam ist teils ein leidender gewesen. Er hat gelitten für uns; teils ein thuender. Er hat das Gesetz erfüllt für uns. Durch jenen hat er die Vergebung der Sünden für uns erworben, und durch diesen die Gerechtigkeit, die vor Gott gilt. Wie wir nun die Vergebung der Sünden erlangt haben, als wir getauft worden sind, so haben wir auch die Gerechtigkeit Christi durch die Taufe erlangt, welche Gerechtigkeit der Apostel Paulus gern einem Kleide vergleicht, das man anzieht. Aus welchem Spruch ist dies zu ersehen? (Ihr seid alle Gottes Kinder durch den Glauben an Christo Jesu; denn wie viele euer getauft sind, die haben Christum angezogen.

3. Wie wird denn die Taufe um deswillen genannt,

weil sie ein solches Wasser ist, welches dazu dient, von unserem Sündenschmuße durch die Vergebung unserer Sünde uns zu reinigen? (Ein Bad.) Sage einen Spruch, in welchem sie ein Bad genannt wird. (Nicht um der Werke willen der Gerechtigkeit, die wir gethan hatten; sondern nach seiner Barmherzigkeit machte er uns selig durch das Bad der Wiedergeburt und Erneuerung des heiligen Geistes, welchen er ausgegossen hat über uns reichlich durch Jesum Christum, unsern Heiland, auf daß wir durch desselbigen Gnade gerecht und Erben seien des ewigen Lebens nach der Hoffnung. Das ist gewißlich wahr.) Und wie wird sie genannt, weil wir dabei zugleich auch der Gerechtigkeit und des Lebens des Auferstandenen teilhaftig werden? (Ein Bad der Wieder= geburt.) Und wie wird sie genannt, weil von der Wieder= geburt an der neue Mensch wachsen und zunehmen soll? (Bad der Erneuerung.) Und wie wird dies Bad der Erneuerung genannt, weil die Erneuerung vom heiligen Geist bewirkt wird? (Bad der Erneuerung des heiligen Geistes.)

4. Sage den Spruch: In der Arche wurden wenig, das ist, acht Seelen behalten durchs Wasser, welches nun auch uns selig macht in der Taufe, die durch jenes bedeutet ist.

Mit welcher schon vor der Patriarchenzeit geschehenen Errettung durchs Wasser vergleicht hier der Apostel Petrus diejenige Errettung, welche durch die heilige Taufe bewerk= stelligt wird? — Wir singen zum Schluß die erste Strophe von dem Liede: Ich bin getauft ꝛc.

C. Das Bibellesen.

1. Das Bibellesen in der Schule beginnt mit dem Eintritt der Kinder in die Oberklasse.

2. Es ist sehr zu empfehlen, daß den Kindern durch einen be=
sonderen feierlichen Akt die Bibel für den Gebrauch der
R e l i g i o n s stunde übergeben werde. Denn daß
die Bibellesestunde als R e l i g i o n s = und nicht als
L e s e stunde angesehen werde, versteht sich von selbst.

3. Zuerst werde im Neuen Testamente gelesen. Nachstehende
Aufeinanderfolge dürfte zu empfehlen sein: Evangelium
Lucä, Apostelgeschichte, Evangelium Matthäi, Evangelium
Marci, Briefe Petri, Briefe an die Thessalonicher, Ko=
rinther, Epheser, Kolosser, Philipper, Pastoralbriefe,
Brief Judä, Briefe Johannis, Evangelium Johannis,
Brief an die Ebräer, Galater, Römer. Aus dem Alten
Testament: Psalmen, wichtige Abschnitte aus dem Penta=
teuch und leichte geschichtliche Partien aus den Propheten.

4. Das Lesen selbst ist ein kursorisches, ohne fortlaufende
Erklärung. Durch eingestreute Fragen und Bemerkungen
wird das nötige Verständnis gesichert, das sachliche sowohl,
als das geistliche, und eine Anwendung auf Leben und Ge=
wissen gemacht.

5. In e i n e r Stunde sollen höchstens zwei Kapitel gelesen
werden, in der Regel werde e i n s gelesen. Das Quantum
für das einzelne Kind hänge von der Schülerzahl, auch
wohl von der Fähigkeit der einzelnen Schüler ab. Am
Anfang lese der L e h r e r abschnittsweise vor, und lasse
dann den vorgelesenen Abschnitt w i e d e r h o l t von den
K i n d e r n lesen. Später sollten wenigstens die wichtig=
sten Stellen in weihevoller Weise wiederholt werden.

D. Bibelkunde.

Anlehnend an das Bibellesen, also nicht in besonderen
dafür festgesetzten Stunden, ist auch das allerhauptsächlichste

von dem zu betreiben, was man mit dem Namen „Bibelkunde"
zu bezeichnen pflegt.

1. Was zu diesem allernotwendigsten gehört.

Wir beschränken uns darauf, folgende Stücke namhaft
zu machen:

a. N a m e n der heiligen Schrift.

b. U r s p r u n g   d e r s e l b e n und Beweise für die
Göttlichkeit.

c. E i n t e i l u n g, und zwar:

a. Hinsichtlich der Zeit d e r   E n t s t e h u n g.

b. Hinsichtlich des J n h a l t e s.

d. E i n p r ä g u n g   d e r   A u f e i n a n d e r f o l g e
der biblischen Bücher, sowohl der alt= als der neu=
testamentlichen.

2. Das Verfahren beim bibelkundlichen Unterricht.

a. Wenn zum erstenmal mit den in die Oberklasse ein=
getretenen Schülern in der Bibel gelesen wird, ist in
einer kurzen feierlichen Ansprache der hauptsächlichste
Unterschied zwischen d i e s e m und a l l e n   a n d e r n
Büchern darzulegen und im Anschluß an diese Dar=
legung zu einem dem hohen Ansehen der heiligen
Schrift entsprechenden Gebrauch derselben zu er=
mahnen.

b. Anlehnend an die Ueberschrift desjenigen biblischen
Buches, mit dessen Lesung b e g o n n e n wird (Evan=
gelium Lucä), werde von der E n t s t e h u n g und
dem J n h a l t der historischen Bücher des Neuen
Testaments gehandelt, und die Aufeinanderfolge
derselben eingeprägt.

Anlehnend an die Ueberschrift des ersten B r i e=
f e s, der gelesen wird, werde von der Entstehung
und dem Jnhalt der L e h r bücher des Neuen Testa=

mentes gehandelt, und die Reihenfolge eingeübt. — Ebenso werde es mit den a l t t e st a m e n t l i ch e n Büchern gehalten.

3. Sobald das Verzeichnis der neutestamentlichen Bücher gelernt ist, werde dann und wann eine halbe Stunde zum Aufschlagen verwendet.

E. Der Unterricht in der deutschen Sprache.

1. Z w e ck. Derselbe ist ein doppelter:

a. Der Schüler soll von Andern G e s p r o ch e n e s oder G e s ch r i e b e n e s v e r st e h e n lernen.

b. Er soll befähigt werden, selber richtig zu sprechen oder zu schreiben.

2. Wie dieser Zweck e r r e i ch t wird.

a. Wie die Kinder angeleitet werden, v o n A n d e r n G e s p r o ch e n e s zu **verstehen.**

a. Es ist darauf zu sehen, daß die Kinder re ch t hören. Sie müssen an volle Aufmerksamkeit im Zuhören gewöhnt werden, und zwar durch energische Handhabung der gesamten Disziplin, sowie durch interessante Behandlung des Lehrstoffes.

b. Es ist ferner mit eben so großem Fleiß darauf zu sehen, daß die Kinder immer etwas R e ch t e s hören, d. i. etwas wirklich R i ch t i g e s u n d P a s s e n d e s in Anbetracht des Stoffes, und etwas M u st e r g i l t i g e s in Beziehung auf Form und Ausdruck.

b. Wie die Kinder angeleitet werden sollen, s e l b e r richtig zu sprechen und zu schreiben. Es geschieht dies durch richtiges Verfahren beim Unterricht in den verschiedenen hierher gehörenden Gegenständen.

A. Leseunterricht.

Wir unterscheiden beim Leseunterricht drei Unterrichts=
stufen: die des lautrichtigen, des verständigen und des aus=
drucksvollen Lesens. Nur darf das nicht so verstanden werden,
als grenzten diese drei Stufen der Zeit nach so voneinander
sich ab, daß die erste vollendet sein müßte, ehe mit der andern
begonnen werden könnte. Sie fließen vielmehr vielfach in
einander, so jedoch, daß in jeder Periode die eine Rücksicht
die vorherrschende bleibt.

Erste Stufe. (Lautrichtiges Lesen.)

Es fragt sich, welche Methode hier in Anwendung zu
bringen ist, ob die Buchstabier=, die Lautier= oder die Schreib=
lese= oder irgend eine andere Methode. Wir entscheiden uns
für eine Verbindung der Lautier= und Schreiblese=Methode.
Bei Anwendung der Lautiermethode muß selbstverständlich
vor allem zwischen Laut und Lautzeichen unterschieden
werden. Da überall die Sache vor dem Zeichen erfaßt
werden soll, so muß auch der Gebrauch des Lautes dem des
Lautzeichens (Buchstabens) vorausgehen. Das Kind muß
also zur Kenntnis der Laute geführt werden, ehe es lesen
lernt. Mithin muß ein Vorbereitungskursus, nämlich der des
mündlichen Lautierens (auch Kopflautieren ge=
nannt) den wirklichen Leseunterricht vorbereiten.

Man verfahre etwa in folgender Weise: Vorgesprochene
einfache Sätze werden in Wörter, die Wörter in Silben,
die Silben in Laute zerlegt, z. B.: „Am Hause sind Fen=
ster." Das ist ein Satz. Ich will euch noch einen zweiten
Satz vorsprechen: „Ich habe zwei Ohren und einen Mund."
Wie viele Sätze habe ich euch vorgesprochen? Wie hieß der
erste? Der zweite? Jeder Satz besteht aus Wörtern.
Der erste Satz hat vier Wörter, nämlich: Am — Hause —

sind — Fenster. Wie viele hat der zweite? Wie heißt das erste Wort im zweiten Satz? Das zweite? ꝛc. ꝛc. Nun will ich euch die vier Wörter vom ersten Satz einmal ganz l a n g= s a m vorsprechen: „A—m H—au—s—e s—i—n—d F—e—n—st—e—r." Das erste Wort heißt also: „Am". Was hört ihr zuerst, wenn ich „am" sage? (Antwort: „a".) Was dann? Merkt: „a" ist ein Laut. Was ist „a"? „m" ist auch ein Laut. Wie viele Laute hat also das Wort „am"? Welcher ist der erste? Welcher der zweite? Auf ähnliche Weise werden auch etliche andere Wörter in Laute zerlegt. An die Uebung des Zerlegens schließt sich als nächste die des Zusammenfügens gegebener Laute zu einem Worte an, z. B.: Ich spreche den Laut „s" vor, dann den Laut „o". Ich fahre fort: Nun wollen wir die beiden Laute mit einander verbinden. Der Lehrer spricht vor: „s—o", dann folgen ähnliche Beispiele.

An die Uebung des Kopflautierens schließt sich nun das e i g e n t l i c h e L a u t i e r e n an. Der Lehrer zeichnet den ersten in der Fibel vorkommenden Buchstaben mit D r u c k = s c h r i f t an die Wandtafel. (Sind ziemlich große auf Papp= deckel geklebte Buchstaben vorhanden, so werde ein solcher ge= nommen.) Wir nehmen an, es sei der Buchstabe „a". Dann spricht der Lehrer das Wort „an" vor. Nun gehts in folgen= der Weise weiter: L.: Wie heißt das Wort, welches ich euch soeben vorgesprochen habe? Welchen Laut habe ich zuerst aus= gesprochen? Welchen dann? Nun schaut nach der Tafel! Da habe ich ein Z e i c h e n hingeschrieben, und zwar das Zeichen für den Laut „a" (a). Neben dem Zeichen für den Laut „a" steht noch ein Zeichen, nämlich das Zeichen für den Laut „m" (m). Wie viele Zeichen stehen hier an der Wand= tafel? Für welchen Laut ist (auf a deutend) d i e s das Zeichen? Und für welchen dies? Schlagt nun eure Fibel auf. Auf der ersten Seite stehen mehrere Zeichen für Laute. Sucht ein Zeichen, welches gerade so aussieht, wie dieses! (a). Sucht eins, welches so aussieht, wie dieses! (m). Der Lehrer, der mit dem Lineal in der Hand vor der Wandtafel steht, fährt fort: Solche Zeichen, mit welchen Laute dargestellt werden, nennt man B u ch st a b e n. Zwei Buchstaben stehen also auf der Wandtafel. Nun will ich sehen, wer sagen kann, wie der Laut ausgesprochen wird, den d i e s e r Buchstabe darstellt. Dieser? Dieser? 2c. Nun merkt euch: Ihr sollt jetzt den Laut, auf dessen Buchstaben ich mit dem Lineal deute, so lange a n h a l t e n, bis das Lineal w e g = g e n o m m e n w i r d, oder w e i t e r g l e i t e t. Ich wills euch zuerst einmal vormachen. (Der Lehrer macht's vor.) Nun kommt ein Buchstabe nach dem andern an die Reihe. Für genügendes Material zu den nötigen Uebungen im V e r = b i n d e n der Laute ist durch die Fibel gesorgt.

Es braucht wohl kaum noch besonders erwähnt zu werden, daß h ä u f i g e Uebungen geradezu unerläßlich sind. Im e r st e n Schuljahr sollte wenigstens z w e i m a l täglich gelesen werden. Um namentlich beim Lesen von Sätzen dem Erraten der folgenden Wörter vorzubeugen, ist das S i l b e n l e s e n zu empfehlen.

In ähnlicher Weise, wie die Kinder mit den Buchstaben der D r u ck schrift bekannt zu machen sind, sind sie auch mit denen der S ch r e i b schrift bekannt zu machen. Darüber, wie das S ch r e i b e n zu lehren ist, wird unter der Ueberschrift: „Schönschreiben" Auskunft gegeben. —

Z w e i t e S t u f e. (V e r st ä n d i g e s L e s e n.)

Das Lesen mit Verständnis anlangend, dürften folgende Winke Beachtung verdienen:

1. Man halte auf stufenmäßige Anordnung des Stoffes. Findet sich diese im Lesebuch dargeboten, desto besser; im an=

dern Falle hat der Lehrer durch entsprechende Auswahl dafür zu sorgen, daß nicht das Schwerere vor dem Leichteren an die Reihe kommt.

2. Es werde darauf gesehen, daß laut und deut= lich gelesen werde. Hier kann viel durch das Beispiel des Lehrers ausgerichtet werden.

3. Es werde durch einzustreuende Wiederholungsfragen das verhütet, daß die Aufmerksamkeit abhanden kommt. Nachdem ein Abschnitt des Lesestücks gelesen ist, mögen Fra= gen über den Inhalt desselben vom Lehrer vorgelegt und vom Schüler beantwortet werden. Sind auf diese Weise die durch= zunehmenden Abschnitte behandelt, so mögen Fragen, die sich auf den Zusammenhang der einzelnen Abschnitte unter ein= ander beziehen, vorgelegt werden.

Dritte Stufe. (Das ausdrucksvolle Lesen.)

Die Schönheit vom Lesen in der deutschen Sprache hängt insonderheit von der Betonung ab, welche selbstverständlich das Vorhandensein des nötigsten Verständnisses zur Voraus= setzung hat. Die Betonung, d. i. die Hervorhebung eines Elementes vor den übrigen durch die Stimme, ist sowohl der Art, als dem Gegenstande nach, eine dreifache. Die Art der Betonung anlangend giebt es die dynamische, durch Schwellung der Stimme (Accent); die rhythmische, durch Dehnung und Schärfung, und die melodische, durch Tonwendung (Steigung und Senkung der Stimme). Dem Gegenstande nach giebt es einen Silben=, Wort= und Satzton. Unterscheiden wir den Accent den Graden nach, so haben wir außer den sogenannten tonlosen Silben (Wörtern oder Sätzen) noch mitteltonige und hoch= tonige.

In Betreff der Betonung gelten in unserer deutschen Sprache folgende zwei Gesetze:

1. Jedes Wort hat nur eine hochtonige Silbe. Und jeder Satz nur ein hochtoniges Wort. Die Stamm= silben sind hochtonig, die Bildungssilben entweder mittel= tonig oder tonlos. Bei zusammengesetzten Wörtern gilt die Regel: Das Bestimmungswort hat den hohen Ton, das Grundwort ist mitteltonig.

2. In jedem einfachen Satze wird dasjenige Wort be= tont, welches entweder zu einem Worte im nachfolgenden Satze im Verhältnisse des Gegensatzes steht, z. B.: Wenn Gott redet, müssen die Menschen schweigen; oder wenn der durch ein Wort bezeichnete Begriff einfach her= vorgehoben werden soll, z. B.: Die Rose ist eine Blume. Dies ist mein Buch, 2c.

B. Das Schreiben.

1. Die Rechtschreibung. (Orthographie.)

a. Der grundlegende Teil des orthographischen Unter= richts. Derselbe lehnt sich an den Leseunterricht an, so zwar, daß er schon mit dem stufenmäßigen Lautieren beginnt. Die Orthographie ist nichts anderes, als die Reproduktion gesehener und in die Vorstellung aufgenom= mener Wörterbilder. Eben darum kommt alles darauf an, daß das Kind angeleitet werde, das ihm beim Lesen vor Augen tretende Bild jedes einzelnen Wortes sich ein= zuprägen. Der Lehrer wird also nach diesem oder jenem einzelnen Wort, das eben lautiert worden ist, das Kind vom Buche wegsehen und das Wort aus dem Gedächtnis lautieren lassen. Hieraus ergiebt sich, wie verkehrt es ist, eine Fibel zu gebrauchen, in welcher irreleitende Wort=

bilder vorkommen, wie dies der Fall ist, wenn z. B. Haupt=
wörter klein geschrieben, oder wenn nötige Dehnungs= oder
Schärfungszeichen fortgelassen sind.

Noch sei hier bemerkt, daß es im Interesse des ortho=
graphischen Unterrichts empfehlenswert ist, die Kinder,
sobald sie die sämtlichen Laute und Lautzeichen kennen
und dieselben mit einiger Geläufigkeit mit einander ver=
binden können, mit dem B u ch st a b i e r e n bekannt
zu machen. Anfangs werden a l l e , später die schwereren
Wörter des durchzunehmenden Lesestücks buchstabiert.

b. Derjenige Teil, der es mit dem S ch r e i b e n zu thun
hat.

   a. Das A b f ch r e i b e n . Dieses anlangend ist darauf
     zu sehen

       a. Daß am Anfang nur ganz leichte Wörter oder
         Sätzchen an der Wandtafel vorgeschrieben, oder im
         Buche vorgelegt werden.

       β. Daß der Schüler nicht bei jedem weiteren Buch=
         staben, der zu schreiben ist, jedesmal auf das ab=
         zuschreibende Wort sieht, sondern daß er in der
         ersten Zeit wenigstens ein g a n z e s W o r t mit
         seinen einzelnen Bestandteilen sich einprägt. Spä=
         ter wird er angewiesen, sich immer einen ganzen
         Satz zu merken, und ohne einzusehen denselben
         schriftlich darzustellen.

   b. Das Schreiben von a u s w e n d i g G e l e r n t e m .
     Mit Rücksicht auf d i e s e s Schreiben ist es eine
     empfehlenswerte Maßregel, wenn die Kinder daran
     gewöhnt werden, beim Auswendiglernen irgend einer
     Lektion jedes einzelne Wort gleich darauf anzusehen,
     w i e e s g e s ch r i e b e n wird.

   c. Das D i k t i e r f ch r e i b e n . Wir merken uns be=

züglich der hierbei einzuhaltenden S t u f e n , und zu beachtenden R e g e l n Folgendes :

α. Das Diktat darf am Anfange nur l e i c h t e Wörter enthalten.

β. Es muß v o r b e r e i t e t werden, und zwar in der Weise, daß etwas diktiert wird, was kurz zuvor gelesen wurde, und was, nachdem es gelesen war, noch einmal Wort für Wort zu dem Ende in Betracht genommen wurde, um sich die Schreibung jedes einzelnen Wortes zu merken.

γ. Später sollten wenigstens die s c h w i e r i g e r e n Wörter vorher b e s p r o c h e n werden.

δ. Beim Diktieren selbst soll der Lehrer ein Wort nach dem andern laut und deutlich vorsprechen. Der vom Lehrer so vorgesprochene Satz mag von einem der Schüler ebenso nachgesprochen werden. Dann erst wird geschrieben.

ε. Der Lehrer diktiere, wo möglich, in ganzen Sätzen.

ζ. Den Diktierstoff hat der Lehrer aus dem Lesebuche zu entnehmen, oder aus einem anderen Buche, welches die Kinder in Händen haben. Natürlich dürfen die Kinder während des Diktierens das Buch nicht aufschlagen.

d. Das K o r r i g i e r e n . In Beziehung darauf ist Folgendes zu merken :

α. Jedes Kind hat, was geschrieben wurde, mit Aufmerksamkeit erst durchzulesen, ehe die eigentliche Korrektur beginnt.

β. Da das Diktat aus einem Buche genommen ist, das jedes Kind zur Hand hat, so hat zunächst jedes Kind selbst das Aufsuchen von Fehlern nach

dem Buche vorzunehmen. Darnach mögen, wenig=
stens zuweilen, die Tafeln gewechselt werden.

γ. Die falsch geschriebenen Wörter werden n i c h t
v e r b e s s e r t, sondern nur u n t e r s t r i c h e n.

δ. Nachdem dies geschehen ist, mag der Lehrer sich
einzelne Tafeln zeigen lassen, um nachzusehen, ob
auch wirklich jedes falsch geschriebene Wort unter=
strichen ist.

ε. Die unterstrichenen Wörter sind ins Fehlerbuch
einzutragen.

A n m e r k u n g.

Das Fehlerbuch ist ein kleines Schreibheft, in welches
die falsch geschriebenen Wörter nicht n e b e n =, sondern
u n t e r einander geschrieben werden, und zwar genau so,
b. i. so buchstabiert, wie sie auf der Tafel geschrieben sind.
Ist dies geschehen, so wird rechts neben das falsch ge=
schriebene Wort die richtige Schreibung eingetragen.

ζ. Das Fehlerbuch ist jeden Tag mit zur Schule zu
bringen. Von Zeit zu Zeit überzeugt sich der
Lehrer, ob die eingeschriebenen Wörter nun ohne
Fehler buchstabiert, resp. geschrieben werden können.

η. Der Lehrer wird wohl daran thun, wenn er nach
einiger Zeit ein früher gegebenes Diktat noch ein=
mal diktiert.

2. D e r S t y l. (K e i n b e s o n d e r e s U n t e r =
r i c h t s f a c h.)

a. M ü n d l i c h e V o r ü b u n g e n. Diese beginnen sogleich
mit dem Eintritt des Kindes in die Schule.

a. Als die ersten und einfachsten sind das V o r = und
N a c h s p r e c h e n einzelner kleiner Sätze zu bezeichnen.

b. Hat das Kind einige Fertigkeit im Nachsprechen von
zuerst kleineren, dann größeren Sätzen erlangt, so sehe

man darauf, daß die Antworten auf irgend welche Fragen in ziemlich richtigem Deutsch gegeben werden.

b. **Schriftliche Uebungen.**

a. Der Anfang wird mit einzelnen Sätzen gemacht. Der Lehrer hat irgend eine Frage aufgeworfen. Dieselbe läßt er sich zuerst mündlich beantworten. Die gegebene Antwort wird, nachdem sie, wenn nötig, verbessert worden, niedergeschrieben, z. B.: Wozu gebraucht man das Messer? Kind: Zum Schneiden. Lehrer: Sprich: Das Messer gebraucht man zum 2c. Lehrer: Sprecht alle zusammen: Das Messer 2c. 2c. Nun lasse der Lehrer von den sechs Wörtern des eben gesprochenen Satzes eins nach dem andern buchstabieren. Dann werde der Satz noch einmal wiederholt. Und jetzt werden die Kinder aufgefordert, ihn auf ihre Tafel zu schreiben.

b. Auf das Nachschreiben einzelner Sätze folge das schriftliche Beantworten von Fragen, welche im Buche vorliegen. (Siehe unser biblisches Historienbuch.) In der ersten Zeit ist es nötig, daß diese Fragen zuerst vom Lehrer vorgelesen und vom Schüler mündlich beantwortet werden. Hierbei sollen sie lernen, in welcher Weise die Fragen zu beantworten sind. Dann folgt die schriftliche Beantwortung.

c. Nunmehr kann das Nachschreiben von Erzählungen folgen. Damit kann es so gehalten werden, daß ein kürzerer Abschnitt der Erzählung zuerst vom Lehrer vorerzählt, darnach von mehreren Kindern nacherzählt und zuletzt von allen Kindern niedergeschrieben wird; oder so, daß das vom Lehrer Vorerzählte nicht erst von Kindern nacherzählt, sondern gleich niedergeschrieben wird;

ober endlich so, daß der Lehrer etwas Vorgelese=
nes niederschreiben läßt.

d. An die Erzählungen mögen sich Beschreibungen
anreihen, so zwar, daß, den Inhalt anlangend, durch
eine vorangegangene mündliche Besprechung dem Kinde
das nötige Material vollkömmlich zur Hand ge=
schafft wird, und daß, die Form betreffend, ent=
sprechende Muster gegeben werden, welche zu möglichst
genauer Nachahmung dienen können. Es soll z. B.
jeder Schüler das Haus beschreiben, darin er wohnt.
Ehe diese Aufgabe gestellt wird, spricht der Lehrer etwa :
Wir wollen einmal mit einander eine Beschreibung
von unserem Schulhause machen. Es giebt Back=
steinhäuser, Stein=, Frame- und Blockhäuser. Was
für eins ist unser Schulhaus ? Nachdem die Antwort
darauf gegeben ist, schreibt sie der Lehrer an die Wand=
tafel. Weiter : Wie lang ist es ? Wie breit ? Wie
hoch ? Wie soll ich also schreiben ? Dann frage der
Lehrer nach der Zahl der Zimmer, der Fenster, der
Thüren 2c.

e. Nach diesen Uebungen dürfte es an der Zeit sein, die
nötige Anleitung zum Briefschreiben zu geben.
Dabei will berücksichtigt sein : Das Datum, (wie
es geschrieben wird, und an welchen Platz auf dem
Briefbogen es gehört) ; die Anrede (wie sie lauten
kann und welcher Stelle auf dem Papier sie zuzuweisen
ist) ; der Eingang (verschiedene Musterbeispiele) ;
die Großschreibung derjenigen Fürwörter, mit
welchen der Angeredete bezeichnet wird ; der Schluß,
mit Namensunterschrift (Musterbeispiele an die Wand=
tafel zu schreiben) ; die Adresse (die nötigen Stücke
derselben und wie zu schreiben).

f. Anleitung zum Anfertigen von sogenannten Ge=
schäftsaufsätzen: Quittungen, Rechnungen,
Schuldscheinen, Kontrakten 2c. 2c.

g. Zwei den stylistischen Unterricht betreffende allgemeine
Bemerkungen:

   a. Soll ein ersprießliches Resultat erzielt werden, so
   darf es nicht an der nötigen Uebung im schriftlichen
   Ausdruck fehlen. Gelegenheit dazu bieten ja die=
   jenigen ganzen oder halben Stunden, in welchen
   stille Beschäftigungen auf dem Stun=
   denplan vorgeschrieben sind.

   β. Der Lehrer trenne die Aufsatzübungen nicht von
   den übrigen Unterrichtsgegenständen, sondern bringe
   sie mit den verschiedensten Fächern in Verbindung,
   z. B. mit dem übrigen Sprachunterricht, mit dem
   Unterricht in der biblischen Geschichte, Geographie,
   Naturkunde 2c. 2c.

C. Deutsche Grammatik.

Beim Unterricht in der deutschen Grammatik kommt es
ebenso, wie in jedem anderen Unterrichtsfache, einerseits darauf
an, daß ein ordentlicher **Unterrichtsgang** eingehalten
wird, andererseits darauf, daß das **Unterrichtsver=
fahren** ein richtiges ist.

1. **Unterrichtsgang.** Diesen anlangend wäre es
natürlich gründlich zu verwerfen, wenn der Lehrer irgend eine
Schulgrammatik in der Weise durchnehmen wollte, daß er sich
die von derselben eingehaltene Aufeinanderfolge zur Richtschnur
dienen lassen, wenn er also mit der Lautlehre beginnen, nach
Einübung alles zu derselben Gehörigen zur Silbenlehre fort=
schreiten und schließlich mit der Satzlehre vollenden wollte.

Nicht also. Wir halten folgende Einrichtung bezüglich des Lehr- und Unterrichtsganges für die beste. Zuerst werde das Allerhauptsächlichste aus der Lautlehre, dann das Allerhauptsächlichste aus der Silbenlehre, dann das aus der Wortlehre und dann aus der Satzlehre durchgenommen. Ist dies geschehen, so wird derselbe Gang zum zweitenmale gemacht, nicht aber, um bloß eine Wiederholung zu veranstalten, sondern um mit der Wiederholung eine E r w e i t e r u n g Hand in Hand gehen zu lassen. Auf den zweiten Gang folgt dann noch ein dritter. Hier ist unser auf diese Einteilung basiertes S c h e m a :

Einleitung: Satz, Wort, Silbe, Laut.

E r s t e r G a n g.

a. **Laute:** *a.* S e l b s t l a u t e : *1.* einfache Selbstlaute, *2.* Umlaute, *3.* Doppellaute; *b.* M i t l a u t e .

b. **Silben:** *a.* ihre E i n t e i l u n g : *1.* nach dem W e r t e : *aa.* Hauptsilben, *bb.* Nebensilben; *2.* nach der B e t o n u n g : *aa.* betonte, *bb.* unbetonte; *3.* nach der Z e i t b a u e r : *aa.* gedehnte, *bb.* geschärfte.

c. **Wörter:** *a.* H a u p t w ö r t e r : *1.* welche Wörter so heißen, *2.* daß sie mit großen Anfangsbuchstaben zu schreiben sind; *b.* E i g e n s c h a f t s w ö r t e r : *1.* welche Wörter so genannt werden, *2.* daß sie, wie alle übrigen Wörter, mit kleinen Anfangsbuchstaben zu schreiben sind; *c.* Z e i t w ö r t e r : *1.* welche Wörter diesen Namen führen, *2.* die drei Hauptzeiten.

d. **Sätze:** Der einfache Satz (der nackte): *a.* der Satzgegenstand, *b.* die Satzaussage.

Zweiter Gang.

a. **Laute:** *a.* Anlaut, *b.* Auslaut.

b. **Silben:** *a.* Bezeichnung der Dehnung: *1.* durch Verdop=
pelung des Vokals, *2.* durch e nach i, durch h unbeh;
b. Bezeichnung der Schärfung, durch Verdoppelung
des Auslautes, *c.* Silbenabteilung beim Schreiben
und Unterschied zwischen Sprach= und Sprechsilben.

c. **Wörter:** *a.* Hauptwörter: *1.* wie die Mehrzahl ge=
bildet wird, *2.* die Fallbiegung (Deklination);
b. Eigenschaftswörter: *1.* Steigerung
(Komparation), *2.* die Fallbiegung in Verbindung mit
dem Hauptwort; *c.* Zeitwörter: Abwandlung
(Konjugation) derselben, *1.* die drei Personen, *2.* Ein=
und Mehrzahl, *3.* die Nebenzeiten; *d.* Zahlwör=
ter: *1.* Grundzahlwörter, *2.* Ordnungszahlwörter;
e. Fürwörter: *1.* Einteilung, *2.* Biegung;
f. Umstandswörter: *1.* des Orts, *2.* der Zeit,
3. der Weise; *g.* Verhältniswörter, solche, die
1. den Wenfall, *2.* den Wemfall regieren; *h.* Binde=
wörter: *1.* zusammenstellende, *2.* entgegenstellende,
3. begründende oder folgernde; *i.* Empfindungs=
wörter.

d. **Sätze,** erweiterte, einfache: *a.* Beifügung (Attribut);
als Beifügung werden verwendet *1.* Eigenschafts=
wörter, *2.* Hauptwörter im Wessenfalle; *b.* Er=
gänzung (Objekt): *1.* Wenobjekt, *2.* Wemobjekt,
3. Wesobjekt; *c.* nähere (adverbiale) Bestimmung:
1. des Orts, *2.* der Zeit, *3.* der Weise.

Dritter Gang.

a. **Laute:** Einteilung derselben: *a.* nach ihrer Entstehung,
b. nach den Sprechwerkzeugen.

b. **Silben:** *a.* Vorsilben: *1.* Aufzählung der hauptsäch=
lichsten, *2.* ihre Bedeutung; *b.* Nachsilben.

c. **Wörter;** *a.* H a u p t w ö r t e r. Einteilung derselben in:
1. Eigennamen, *2.* Gemeinnamen, *3.* Gattungsnamen,
4. Sammelnamen, *5.* Stoffnamen; *b.* Z e i t w ö r t e r:
1. E i n t e i l u n g derselben in *aa.* bezügliche, *bb.* un=
bezügliche, *2.* A u s s a g e w e i s e (Modus), Hilfszeit=
wörter, *3.* Z u s t a n d s f o r m: *aa.* thätige, *bb.* lei=
bende; *c.* W o r t b i l d u n g: *1.* Wurzelwörter, *2.* ab=
geleitete, *3.* zusammengesetzte.

d. **Der Satz,** nämlich der zusammengesetzte: *a.* Hauptsatz und
Hauptsatz, *b.* Hauptsatz und Nebensatz.

2. Unterrichts v e r f a h r e n. Welches Verfahren wir
für das richtige halten, mag aus einigen U n t e r r i c h t s =
p r o b e n ersehen werden.

Erste Unterrichtsprobe zum e r s t e n Gang.

(a. **Laute,** a. **Selbstlaute.**)

Wir nehmen an, der Lehrer stehe bei der E i n t e i l u n g
d e r S e l b s t l a u t e, und möchte seine Kinder mit der
e r s t e n Abteilung derselben, den e i n f a c h e n Selbstlauten,
bekannt machen. Er spricht: Ich will euch einige Wörter
vorsprechen: arm, ernst, in, oft, und. Wie hieß das erste
Wort? Das zweite? 2c. Aus wie vielen Lauten besteht das
Wort „arm"? Wie heißt der e r s t e Laut? Nun merkt euch:
Dieser Laut a ist ein S e l b s t laut. Was für ein Laut ist der
Laut a? Das zweite Wort hieß: ernst. Aus wie vielen
Lauten besteht es? Wie heißt der e r s t e von denselben?
Dieser Laut e ist auch ein Selbstlaut, u. s. w. Wie viele
verschiedene Selbstlaute haben wir kennen gelernt? Man
nennt diese 5 Selbstlaute e i n f a c h e Selbstlaute. Wie

nennt man sie? Wie heißt der einfache Selbstlaut, welcher in dem Worte „in" vorkommt? Wie derjenige, welcher in dem „arm" vorkommt? u. s. w.

Aufgaben.

1. Schreibt aus dem Lesestück, das wir vorhin gelesen haben, diejenigen Wörter ab, in welchen **nur ein** einfacher Selbstlaut vorkommt.

2. Schreibt diejenigen Wörter ab, in welchen **zwei** einfache 2c.

3. Schreibt diejenigen ab, in welchen **drei** vorkommen.

Zweite Unterrichtsprobe zum ersten Gang.

(b. **Silben**: a. ihre **Einteilung**, 1. nach der **Betonung**.

Lehrer: Ich will euch einen Satz vorsprechen: Alle Menschen müssen sterben. Wiederhole meinen Satz! Aus wie vielen Wörtern besteht dieser Satz? Wie heißt das erste? Aus wie vielen Silben besteht es? Wie heißt die erste Silbe? Wie die zweite? Wie heißt das zweite Wort? Aus wie vielen Silben besteht das zweite Wort? Wie heißt die erste Silbe? Wie die zweite? u. s. w.

Nun will ich den Satz noch einmal sagen, und zwar so, daß ich eine Silbe so laut vorspreche, wie die andere: Al—le Men—schen müs—sen ster—ben. Ihr merkt, das hört sich ganz schlecht an. Nun will ich ihn vorsprechen, wie sich's gehört: Al—le Men—schen 2c. Diesmal habe ich beim Aussprechen der Silben einen Unterschied gemacht. Welche Silbe von jedem Worte habe ich laut ausgesprochen? Welche leise? Statt, daß ich sage, eine Silbe wird laut ausgesprochen, kann ich auch sagen: Sie wird betont. Und statt: sie wird leise ausgesprochen, kann ich auch sagen: Sie wird nicht betont. Es giebt also betonte und nicht betonte Silben. Wie heißt in dem Worte „alle" die betonte Silbe? Wie die nicht betonte? Was für eine Silbe ist in dem Worte „Menschen" die Silbe „Men"? Und was für eine die Silbe „schen"? Bei dieser Einteilung haben wir also auf die Betonung geschaut.

Aufgaben.

1. Schreibt die zweisilbigen Wörter aus dem Lesestücke auf, und unterstreicht die betonten Silben.

2. Schreibt die dreisilbigen auf, und unterstreicht die betonte Silbe.

Dritte Unterrichtsprobe aus dem ersten Gang.

(c. Wörter, a. Hauptwörter, 1. welche Wörter so heißen.)

Lehrer: Wer nennt mir einige Dinge, die sich im Schulzimmer befinden? Damit, so fährt der Lehrer fort, daß man ein Ding nennt, sagt man den Namen dieses Dinges. Jeder Name ist ein Wort, und wenn das Wort Name eines Dinges ist, so heißt es Dingwort. Was für ein Wort ist also der Name „Ofen"? Der Name „Tisch"? Statt Dingwort kann man auch Hauptwort sagen. Wie heißt der Name dieses Dinges? (Der Lehrer zeigt auf die Wandtafel.) Was für ein Wort ist also das Wort Wandtafel? Jedes Hauptwort wird mit einem großen Anfangsbuchstaben geschrieben. Mit was für einem Anfangsbuchstaben werdet ihr also das Wort „Kreide" schreiben? Warum?

Aufgaben.

1. Nennt mir Namen von Dingen, die man essen kann! (Brod, Fleisch, Kuchen 2c.) Eine ganze Anzahl von

solchen Wörtern mag genannt werden. Dann lasse der Lehrer jedes einzelne Wort ein= oder zweimal laut b u ch st a b i e r e n. Ist dies geschehen, so wird aufgegeben, die genannten Haupt= wörter jetzt zu s ch r e i b e n.

2. Nennt mir Namen von Dingen, die man a n z i e h e n kann! (Von Kleidungsstücken.) Dann wie bei 1.

3. Nennt Namen von vierfüßigen Tieren! 2c. 2c.

Erste Unterrichtsprobe zum zweiten Gang.

(c. **Wörter**, a. **Hauptwörter**, 2. **Fallbiegung.**)

Auf der Wandtafel stehen vier Sätze:

Der Bäcker backt.

Das Brot des Bäckers schmeckt gut.

Der Müller bringt dem Bäcker Mehl.

Ein Hund hat den Bäcker gebissen.

Lehrer: In jedem dieser vier Sätze kommt das Wort Bäcker vor. Wie heißt es im e r st e n Satz zusammen mit dem vorhergehenden Wort? (D e r B ä ck e r.) Wie im z w e i t e n? Im dritten? Im vierten?

Das Wort Bäcker heißt deswegen in den verschiedenen Sätzen verschieden, weil es in jedem derselben A n t w o r t a u f e i n e a n d e r e F r a g e giebt. Im ersten Satz giebt es Antwort auf die Frage: W e r backt. Im zweiten auf die Frage: W e s s e n Brot schmeckt gut. Im britten auf die Frage: W e m bringt der Müller Mehl. Im vierten: W e n hat der Hund gebissen. Auf welche Frage wird Antwort gegeben im e r st e n Satze? Auf welche im zweiten? 2c.

Da haben wir also v i e r F ä l l e vor uns. Wir wollen den ersten Fall, bei welchem mit „wer" gefragt wird, den W e r f a l l nennen. Wie wollen wir den e r st e n Fall nennen? Warum? Den zweiten, bei welchem mit „w e s=

sen" gefragt wird, wollen wir den **Wessenfall** nennen. Wie 2c. 2c.

Wie heißt das Wort Bäcker im **Werfall**? Wie im **Wessenfall**? 2c. 2c. Wie heißt das Wort Sohn im Wessenfall? Wie im Wenfall?

Aufgaben.

Zuerst bloß solche, die es mit Hauptwörtern m ä n n= l i ch e n Geschlechts zu thun haben:

1. Schreibt die Wörter ab, die an der Wandtafel stehen, aber verändert sie so, wie es nötig ist, wenn sie den Wem= fall bezeichnen sollen.

2. Schreibt 2c. 2c., wenn sie den Wenfall 2c.

Sind die Kinder mit den Kasusendungen der männlichen Hauptwörter zur Genüge bekannt, dann werden wieder vier Sätze an die Wandtafel geschrieben, in welchen ein s ä ch l i ch e s und noch später ein w e i b l i ch e s Hauptwort dekliniert wird, und bei der Einübung wird ebenso verfahren.

———

Zweite Unterrichtsprobe zum z w e i t e n Gang.
(c. Wörter, f. Umstandswörter.)

An der Wandtafel stehen die Sätze:

Mein Bruder lernt d o r t.

Die Mutter wartet d r a u ß e n.

Der Vater kam s p ä t.

Der Onkel starb ge st e r n.

Der Knabe schreibt s ch ö n.

Der Schüler spricht l a u t.

Lehrer: Wie heißt der e r st e Satz? Wie der zweite? Wie heißt der erste Satz, wenn das l e tz t e Wort des= selben w e g g e l a ff e n wird? Wenn jemand zu mir spricht:

„Mein Bruder l e r n t", so weiß ich, was sein Bruder thut.
Wenn er aber zu mir spricht: Mein Bruder lernt d o r t, so
weiß ich nicht bloß, was er thut, sondern auch, wo ers thut.
Welches Wort zeigt an, was der Bruder thut? Und welches
wo ers thut? Wie heißt der z w e i t e Satz? Welches
Wort im zweiten Satz zeigt an, was die Mutter thut? Und
was zeigt das Wort d r a u ß e n an? In jedem der beiden
ersten Sätze kommt also ein Wort vor, welches sagt, wo
etwas geschieht.

Wie heißt der d r i t t e Satz? Hier kommt auch ein
Wort vor, welches sagt, was der Vater that, aber es kommt
keins hier vor, welches sagt, wo ers that, sondern ein solches,
welches sagt, w a n n ers that. Welches Wort sagt, was
der Vater that? Und was sagt das Wort „spät"?

Wie heißt der v i e r t e Satz? Was zeigt hier das Wort
„gestern" an? Sowohl im dritten als im vierten Satze kommt
also ein Wort vor, welches sagt, w a n n etwas geschieht.

Wie heißt der f ü n f t e Satz? Hier wird nicht gesagt,
w o der Knabe schreibt, auch nicht, w a n n er schreibt; sondern
was wird hier gesagt?

Wie heißt der s e c h s t e Satz? Was sagt hier das letzte
Wort? Also in den beiden letzten Sätzen wird gesagt, w i e
etwas geschieht.

Jedes Wort, welches anzeigt, wo, oder wann, oder
w i e etwas geschieht, heißt U m s t a n d s w o r t.

Sagt ein Umstandswort, wo, d. i. an welchem Orte
etwas geschieht, so ist es ein Umstandswort d e s O r t e s.
Sagt ein Umstandswort, wann, d. i. zu welcher Zeit
etwas geschieht, so heißt es Umstandswort d e r Z e i t.
Sagt ein Umstandswort, wie, d. i. in welcher W e i s e etwas
geschieht, so heißt es Umstandswort d e r W e i s e.

Nenne mir die Umstandswörter d e r Z e i t, die wir

kennen gelernt haben! Nenne diejenigen des Ortes! Nenne diejenigen der Weise!

Außer den sechs Umstandswörtern, die wir eben als solche kennen gelernt haben, giebts aber noch andere. Ich will euch einige Sätze vorsprechen, in welchen Umstandswörter vorkommen, und dann sehen, wer dieselben herausfinden kann: Die Eltern schlafen unten. Wie heißt in diesem Satze das Umstandswort? Die Kinder schlafen oben. Wie heißt hier das Umstandswort? Sind diese beiden Wörter Umstandswörter der Zeit, oder des Ortes, oder der Weise? u. s. w.

Aufgaben.

1. Schreibt aus dem Diktat heraus:
   a. Die Umstandswörter der Weise; b. die der Zeit; c. die des Ortes.
2. Schreibt in folgenden Sätzen zum Zeitwort ein passendes Umstandswort, und zwar zum Zeitwort des ersten ein Umstandswort der Zeit, zum Zeitwort des zweiten ein Umstandswort des Ortes, und zum Zeitwort des dritten ein Umstandswort der Weise.

Das Kind weinte . . . .
Mein Vater wohnt . . . .
Meine Schwester singt . . . .

Dritte Unterrichtsprobe zum zweiten Gang.
(c. Wörter, g. Verhältniswörter.)

Lehrer: Man kann den Ort, die Zeit und die Weise, wo, wann und wie etwas geschieht, aber auch noch anders, als durch Umstandswörter bezeichnen.

Den Ort. Schreibt auf eure Schiefertafeln folgende zwei Sätze: Der Vogel sitzt auf dem Dache. Der Knabe liegt in dem Bette. Mit welchen Worten wird hier

Antwort gegeben auf die Frage: Wo sitzt der Vogel? Und mit welchen auf die Frage: Wo liegt der Knabe?

Die Zeit. Schreibt jetzt folgende Sätze: Die Sterne scheinen in der Nacht. Der Tau glänzt am Morgen. Mit welchen Worten wird hier Antwort gegeben auf die Frage: Wann scheinen die Sterne? Und mit welchen auf die Frage: Wann glänzt der Tau?

Die Weise. Schreibt: Der Kranke leidet in Geduld. Der Schüler liest mit Verstand. Mit welchen Worten wird hier Antwort gegeben auf die Frage: Wie leidet der Kranke? Und mit welchen auf die Frage: Wie liest der Knabe?

Als wir im ersten Beispiel sagten: Der Vogel sitzt auf dem Dache, da haben wir also das Wort „auf" in Verbindung gebracht mit dem Wort „Dache". Als wir im zweiten sagten: Der Knabe liegt in dem Bette, da haben wir das Wort „in" in Verbindung gebracht mit dem Wort „Bette". Als wir im dritten ꝛc. ꝛc.

Diejenigen Wörter, durch welche in Verbindung mit einem Hauptworte der Ort, oder die Zeit, oder die Weise einer Thätigkeit bezeichnet wird, heißen Verhältniswörter. Was für ein Wort ist also das Wort „auf"? Was für eins das Wort „in"? Das Wort „am"? Das Wort „mit"? (Wiederholungsfragen.)

Aber nicht blos Zeit, Ort und Weise kann man in Verbindung mit einem Hauptwort ausdrücken, sondern auch noch anderes, wie ihr aus folgenden Sätzen ersehen könnt.

Schreibt: Das Kind weint vor Angst.

Ein rechter Sohn gehorcht aus Liebe.

In jedem von diesen beiden Sätzen wird ein Grund angegeben, nämlich im ersten der Grund des Weinens, und im andern der Grund des Gehorchens. (Wiederholungsfragen.)

Schreibt: Er reiset zum Vergnügen.

Er giebt nach um des Friedens willen.

In jedem von diesen beiden Sätzen wird ein Zweck ange=
geben, nämlich im ersten der Zweck des Reisens, und
im anderen der Zweck des Nachgebens. (Wieder=
holungsfragen.)

Schreibt: Er hat sich durch seinen Fleiß ein Vermögen
erworben.

Er hat sich durch List befreit.

In jedem von diesen beiden Sätzen wird ein Mittel ange=
geben, nämlich im ersten dasjenige Mittel, dessen er sich
bediente, um ein Vermögen zu erwerben, und im andern das=
jenige Mittel, welches er anwendete, um sich zu befreien.
(Wiederholungsfragen.)

Manche Verhältniswörter verlangen, daß das Haupt=
wort, zu welchem sie gehören, im Wemfall, manche, daß
es im Wenfall, manche, daß es im Wessenfall stehe.
Man sagt dann, das Verhältniswort regiert den Wem=,
Wen= oder Wessenfall.

Aufgaben.

1. Schreibt aus dem Lesestück solche Sätze heraus, in
welchen Verhältniswörter vorkommen und unterstreicht
dieselben.

2. Schreibt dann die sämtlichen unterstrichenen Ver=
hältniswörter auf der linken Seite der Schiefertafel einzeln
untereinander, und bemerkt dann hinter jedem, ob es zusam=
men mit seinem Hauptwort die Zeit, oder den Ort, oder die
Weise, oder den Grund, oder den Zweck, oder das Mittel
einer Thätigkeit bezeichnet.

3. Schreibt dieselben Verhältniswörter noch einmal in
derselben Weise untereinander und bemerkt dann hinter jedem,
ob es den Wemfall, oder Wenfall, oder Wessenfall regiert.

Unterrichtsprobe zum dritten Gang.

d. Der Satz, Hauptsatz und Nebensatz.

An der Wandtafel stehen folgende drei Sätze:

Der Baum wird abgehauen.

Der unfruchtbare Baum wird abgehauen.

Der Baum, welcher keine Frucht bringt, wird abge=
hauen.

Lehrer: Wir haben bisher immer blos von ein=
fachen Sätzen geredet, und ihr wißt bereits, daß dieselben
in zwei Klassen zerfallen: in nackte und umkleidete
(erweiterte). Was für ein Satz ist der erste von den dreien,
die an der Wandtafel stehen? Warum heißt er einfacher
Satz? (Weil er bloß aus einem Satzgegenstand und
einer Satzaussage besteht.) Warum heißt er ein nackter
einfacher? (Weil weder der Satzgegenstand, noch die Satz=
aussage umkleidet, d. i. erweitert, ist. Was für ein Satz
ist der zweite? (Ein erweiterter einfacher Satz.) Wel=
cher Teil des ursprünglich nackten Satzes ist erweitert
worden, der Satzgegenstand, oder die Satzaussage? Was
für ein Wort ist der Satzgegenstand hier? Wodurch ist
die Erweiterung geschehen, ich meine, durch was für ein
Wort? Wie nennt man eine solche Erweiterung oder nähere
Bestimmung eines Hauptwortes um deswillen, weil sie dem
Hauptwort beigefügt ist? (Beifügung.)

Anstatt aber die Beifügung durch ein einziges Wort
auszudrücken, kann man sie auch durch einen Satz bezeichnen.
Jetzt schaut nach der Wandtafel! Wie heißt der dritte
Satz? Ihr merkt auf der Stelle, der unterscheidet sich von
allen andern, welche wir bisher gehabt haben. Denn dieser
Satz ist ein Ganzes, welches aus zwei Teilen besteht,
von denen jeder selber ein Satz ist. Der eine von

diesen beiden Sätzen heißt nämlich: Der Baum wird abge=
hauen. Und der andere heißt: welcher keine Frucht bringt.
Ebenso merkt ihr auf der Stelle, daß diese beiden Sätze nicht
gleichen Wert haben. Der eine, nämlich der erste,
kann für sich allein bestehen. Er heißt darum der
Hauptsatz. Der andere kann das nicht, denn er hat zu
seinem Inhalt bloß ein Stück, nämlich die Beifügung
des Hauptsatzes. Er heißt darum Nebensatz. Behaltet
euch also dies: Wenn ein Satz bloß Glied eines Haupt=
satzes ist, indem er bloß entweder eine Beifügung, oder eine
Ergänzung, oder eine adverbiale Bestimmung enthält, so ist
er ein Nebensatz. (Wiederholungsfragen. Aehnliche Beispiele).
Ihr habt neulich schon gelernt, daß, wenn man mehrere
Hauptsätze mit einander verbindet, ein zusammen=
gesetzter Satz entsteht. Ebenso aber entsteht ein zu=
sammengesetzter Satz, wenn mit einem Hauptsatz ein Neben=
satz verbunden wird. —

Aufgaben.

1. Schreibt aus dem Lesestück sechs zusammenge=
setzte Sätze heraus, und zwar solche, welche aus einem
Hauptsatze und einem oder mehreren Nebensätzen bestehen.

2. Unterstreicht bei jedem zusammengesetzten Satz den
Nebensatz.

3. Gebt schriftlich darüber Auskunft, was für ein
Glied des Hauptsatzes durch jeden einzelnen Nebensatz
ausgedrückt wird. —

F. Rechnen.

I. Bedeutung und Zweck.

Mit Ausnahme des Religionsunterrichts verdient kein
Unterrichtsgegenstand größere Aufmerksamkeit als der Rechen=
unterricht. Das Rechnen ist für die Ausrüstung des Schülers

für das praktische Leben unerläßlich. Die Schule muß dem Schüler zu derjenigen Fertigkeit im Umgehen mit Zahlen verhelfen, welche im allgemeinen von jedem, welchem Stande er auch angehören mag, verlangt werden muß. Aber nicht nur um dieses **materialen** Zweckes willen verdient das Rechnen zu den Unterrichtsfächern erster Linie gerechnet zu werden, sondern ganz besonders deswegen, weil es für die **formale** Bildung höchst wichtig ist.

Wird der Rechenunterricht in der rechten Weise betrieben, dann ist er das vorzüglichste Mittel, **die geistigen Vermögen des Schülers zu entfalten und zu kräftigen.** Kein Unterrichtsgegenstand nimmt das **Vorstellungsvermögen** mehr in Anspruch, kein Lehrfach ist geeigneter, das Gedächtnis zu kräftigen, kein Gegenstand schärft in gleichem Maße den Verstand, als Rechnen.

Der guterteilte Rechenunterricht nötigt das Kind zu intensiver Aufmerksamkeit, duldet keine Zerstreutheit, erweckt Freude an scharfsinnigen Beobachtungen, an Pünktlichkeit und Ordnung, am Suchen und Finden des Rechten und Wahren, und, indem die Lösung der Aufgaben Energie und Ausdauer erfordert, kräftigt er den Willen — dies alles ein Gewinn, der nicht unterschätzt werden darf.

II. Grundsätze, die beim Rechenunterricht zu beachten sind.

1. Auf allen Stufen des Rechnens ist die Anschauung die Grundbedingung für rechte und klare Auffassung.

Rechenunterricht muß Anschauungsunterricht sein. Dies gilt ganz besonders in Bezug auf das Rechnen der Unterstufe, denn hier kommt alles darauf an, daß dem Kinde zur rechten Vorstellung der Zahlengrößen und ihrem Verhältnis zu einander verholfen wird. Dies kann nur auf dem Wege der Anschauung geschehen. Man lasse sich dadurch, daß die meisten

Kinder schon beim Eintritt in die Schule einige Fertigkeit im Zählen innerhalb der unteren Zahlenräume mitbringen, nicht verleiten, zu schnell voranzuschreiten. In den meisten Fällen kennt der neue Ankömmling nur den N a m e n der Zahl, ohne sich ihres I n h a l t e s u n d W e r t e s bewußt zu sein. Nirgends rächt sich Oberflächlichkeit mehr als hier.

Als Mittel zur Veranschaulichung dienen Gegenstände, die das Schulzimmer bietet, z. B. Thüren, Fenster, Bücher u. s. w., ferner verwende man Stäbchen, Kugeln, Knöpfe u. s. w., auch schriftliche Zeichen, wie Striche, Sternchen, Ringe. In keiner Schule sollte die sogenannte „Russische Rechenmaschine" fehlen. Zur Veranschaulichung des Einer- und Zehnerverhältnisses lassen sich Ein- und Zehncentstücke gut verwenden.

Das Prinzip der Anschauung macht sich auf allen Stufen des elementaren Rechenunterrichts geltend. Beim Gleichnamigmachen von Brüchen z. B. genügt es nicht zu sagen: Ein Ganzes $^{12}/_{12}$, $^{1}/_{4}$ demnach $^{3}/_{12}$, $^{1}/_{3}$ demnach $^{4}/_{12}$, dies muß anschaulich dargestellt werden. Etwa so:

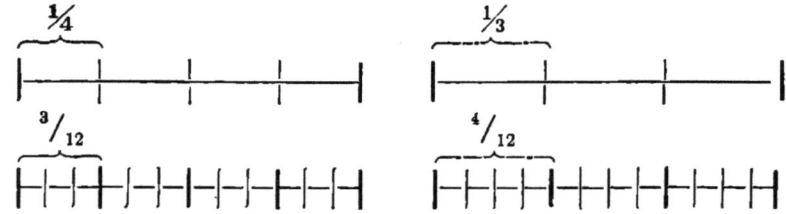

2. Hat das Kind auf dem Wege der Anschauung eine klare Einsicht bekommen, so lasse man Uebung und Anwendung folgen.

3. Bei den grundlegenden Elementen verweile man, bis es bei dem Kinde zu einer völligen Beherrschung gekommen ist. Beim Rechnen baut sich eins aufs andere. Ist das vorangehende Einfachere nicht völlig erfaßt und fest angeeignet, so ist ein gedeihlicher Fortschritt nicht möglich.

4. Alles Positive des Rechnens ist dem Gedächtnisse fest einzuprägen. Hierher gehören die Einmaleins=, Münz=, Maß= und Gewichtstabellen.

5. Auf allen Stufen sei das Rechnen Denkrechnen, nicht ein mechanisches Regelrechnen.

Begnügt man sich mit einem mechanischen Befolgen der Regel, so ist das Rechnen ein bloßes Nachahmen. Das Kind muß sich eines jeden Schrittes, den es thut, bewußt sein, die Gründe für das Verfahren kennen; nur dann wird es in stand gesetzt, selbstthätig Schlußreihen zu bilden und ohne Hilfe eines „Gängelbandes“ mit Zahlen zu operieren.

6. Rechenregeln werden nicht gegeben, sondern auf dem Wege der Anschauung und Uebung vom Kinde gefunden.

Der pädagogische Grundsatz „vom Beispiel zur Regel“ muß ganz besonders beim Rechnen beobachtet werden. Jede Regel, die für das Kind nicht Ergebnis selbstthätigen, bewußten Suchens ist, ist nutzloser Gedächtnisballast.

7. Man verbinde in angemessener Weise mündliches und schriftliches Rechnen (Kopf= und Tafelrechnen).

Alles Rechnen ist Denkrechnen. Mündliches (Kopf=) und schriftliches (Tafel=) Rechnen unterscheiden sich nur dadurch, daß ersteres in der bloßen Vorstellung geschieht, ohne daß sich das Kind besondere Zeichen oder Ziffern denkt, während beim schriftlichen Rechnen das Zahlenzeichen als Unterstützung des Gedächtnisses hinzutritt und die geistige Thätigkeit fixiert. Obwohl nun beide Arten geistige Operationen sind, so ist doch aus naheliegenden Gründen leicht einzusehen, daß dem mündlichen Rechnen besondere Berücksichtigung gebührt. Es ist in erhöhtem Maße eine Gymnastik des Geistes, und ist auch für das praktische Leben von besonderem Werte.

Anmerkung: Bei einfachen Schulverhältnissen läßt es sich besonders des Zeitersparnisses wegen empfehlen, wöchentlich ein

ober zwei rein mündliche ober — wenn man will — Kopfrechen=
stunden anzusetzen. Der Lehrer kann während berselben Zeit
mehrere Rechenabteilungen zugleich beschäftigen. Dies kann in
folgender Weise geschehen : Der Lehrer giebt ber ersten Abtei=
lung eine Aufgabe, mit beren Lösung sie sich beschäftigt, wäh=
rend er ber zweiten unb britten ihre Aufgaben zuerteilt. Hat bie
erste Abteilung unterbessen ihre Aufgabe gelöst, so läßt sich ber
Lehrer bieselben von einzelnen Kinbern laut vorrechnen. Hier=
auf wirb ihr eine zweite Aufgabe gegeben. Dann wendet sich
ber Lehrer zur zweiten Abteilung. Es erfolgt Vorrechnen seitens
ber Kinber unb Erteilung einer weiteren Aufgabe seitens bes
Lehrers. Darauf folgt bie britte Abteilung: Vorrechnen, Er=
teilung einer weiteren Aufgabe. Dann wieder bie erste Ab=
teilung u. s. w.

8. Man stelle auf allen Stufen zweckentsprechende Auf=
gaben.

Beim mündlichen Rechnen vermeibe man zu komplizierte
Aufgaben. Beim schriftlichen Rechnen suche man nicht eine
besondere Genugthuung barin, bie Kinber mit endlosen
Zahlenreihen, übermäßig großen Multiplikatoren unb Divi=
soren unb dergleichen sich abmühen zu sehen. Daburch wirb
ber kindliche Geist nicht gebildet, sondern gemartert. Auch
im Rechenunterricht wirb nicht für bie Schule, sondern fürs
Leben gelernt, barum nehme man bei Aufgaben in reinen,
benannten wie angewanbten Zahlen immer auf bas Zweck=
mäßige Bebacht.

9. Bei ber Auflösung ber Aufgaben einer Rechen=
art entwickele man zuerst bas Normalverfahren, später
Vorteile unb Abkürzungen.

10. Der Lehrer sehe barauf, baß sich bie Kinber beim
Rechnen sprachlich korrekt ausbrücken; auch halte er auf
schönes Schreiben ber Ziffern.

———

III. Lehrgang.

Hier verweisen wir auf das im Wartburg-Verlag erschienene Rechenbuch.

Zusatz.

Da in unserem Lande die englische Sprache Verkehrs-Sprache ist und ganz besonders im Geschäftsleben vorherrscht, so dürfte es zweckdienlich sein, hier die Frage zu berühren: Soll in unsern Gemeindeschulen der Rechenunterricht ausschließlich in deutscher oder zum Teil in englischer Sprache erteilt werden?

Zunächst ist zu bemerken, daß das Rechnen an sich Hauptsache ist, die Unterrichtssprache kommt erst in zweiter Linie. Immerhin ist es von nicht zu unterschätzendem Wert, daß unsere Schüler in stand gesetzt werden, später im geschäftlichen Verkehr in englischer Sprache sich geläufig ausdrücken und bewegen zu können. Wollte man dies alles dem englischen Sprachunterricht zuweisen, so würde dieser Unterrichtszweig erheblich belastet und wohl gar überbürdet werden. Es ist daher zu empfehlen, wo es thunlich ist, einen Teil des Rechenunterrichts in englischer Sprache zu erteilen. Bei dem grundlegenden Teil des Rechnens (bis Bruchrechnung) bediene man sich der deutschen, von da ab der englischen Sprache. Man wähle ein zweckentsprechendes Lehrbuch in englischer Sprache. Von den uns bekannten geben wir den von Ray, Fish and Greenleaf den Vorzug.

Von Prof. A. Engelbrecht.

G. Singen.

I. Wie zu verfahren ist.

Beim Singunterricht dürften folgende Winke der Beachtung wert sein:

1. Das erste Singen sei ein Singen nach dem Gehör.

   a. Der Anfang wird gemacht mit Einübung leichter Melodien.

   b. Bevor aber eine Melodie eingeübt wird, werde der Text des einzuübenden Liedes sicher auswendig gelernt, aber nicht in der Singstunde, in welcher allein das Aufsagen stattfindet.

   c. Ist das Aufsagen, bei welchem auf richtige Aussprache und richtige Betonung zu sehen ist, vorüber, so wird vom Lehrer zuerst die ganze Melodie vorgespielt. Hierauf wiederholt er einen Teil derselben einigemal; dann werden die Kinder aufgefordert, leise mitzusingen. Ist dies geschehen, so wird auf die vorgekommenen Fehler aufmerksam gemacht. Darnach lasse man die Begabteren (in musikalischer Hinsicht) unter den Schülern einzeln singen, worauf das Gesungene von der ganzen Klasse einigemal wiederholt wird. In ähnlicher Weise verfahre man mit den übrigen Teilen. Zum Schluß mag das Ganze noch etliche mal von der ganzen Klasse gesungen werden.

2. An das Singen nach dem Gehör schließe sich das Singen nach Noten an.

   a. Wie die Kinder mit denselben bekannt zu machen sind? Antwort: Nicht auf einmal mit allen, sondern nach und nach. Der Lehrer tritt zu der auf der einen Seite mit Notenlinien versehenen Wandtafel. Nachdem er die Bemerkung gemacht hat, daß es ebenso gewisse Zeichen für die einzelnen Töne gebe, als man gewisse Zeichen für die einzelnen Laute habe, und daß jene Tonzeichen Noten genannt würden, schreibt er einen ausgefüllten Kopf mit Hals (Viertelnote) auf die zweite Linie von unten und spricht: Das ist ein solches Tonzeichen, also eine **Note**. Diese Note heißt *g*. Dieselbe ist das Zeichen für **diesen** Ton: (Der Lehrer **singt** ihn, d. i. er singt *g*.) Dann setzt er eine zweite Note auf den zweiten Zwischenraum. Er spricht: Diese Note heißt *a*. Sie ist das Zeichen für diesen **Ton**: (Der Lehrer singt *a*.) So gehts nach und nach weiter. Ehe aber weitere Noten angeschrieben und benannt werden, sind **Verbindungen** vorzunehmen.

b. Welcherlei Uebungen im Anschluß an das Notenlernen zu machen sind.

   a. **Treffübungen.** Eingeübt werden: Sekunden, Terzen, Quarten u. s. w., und zwar auf- und abwärts gehende. In Verbindung damit werden nach dem Gehör gelernte Lieder jetzt besehen, d. i. die Intervalle werden bezeichnet.

   b. **Rhythmische Uebungen.** Hier ist zu handeln

      a. **Von den verschiedenen Taktarten:** $^2/_4$-, $^3/_4$-, $^4/_4$-, $^6/_8$-Takt.

      β. **Von den Pausen.** (Sie sind an die Wandtafel zu schreiben und zu erklären.)

      γ. **Von der Betonung.**

3. Einiges, das der Lehrer während des gesamten Singunterrichts im Auge zu behalten hat.

  a. Zunächst achte der Lehrer auf Körperhaltung, Mundstellung und Atmen.

  b. Auf die **Aussprache**, und zwar

   a. Der **Vokale**, sowohl der **einfachen**, welche beim Singen ebenso auszusprechen sind, als beim richtigen Reden, als auch der **Diphtongen**. Diese unterliegen einer doppelten Behandlung.

Sind sie mit kurzen Tönen verbunden, so wer=
den sie ungeteilt ausgesprochen, z. B. ei in
Schäflein. Sind sie mit langen verbunden, so
ist eine Teilung nötig. Diese hat in der Weise
stattzufinden, daß die erste Hälfte wie ein reines
a gesungen wird, in der zweiten Hälfte schließt
sich mit diesem a=Laut das i nebst den übrigen
Konsonanten der betreffenden Silbe zusammen.
Es darf also nicht geduldet werden, daß der Sän=
ger auf dem zweiten Teile, d. i. auf dem i=Laut
aushält.

b. Der Konsonanten. Diese anlangend sind
folgende Regeln zu beachten:

a. Die Konsonanten, mit welchen eine Silbe
schließt, werden erst in demjenigen Augenblick
hörbar, in welchem zur nächsten Silbe über=
gegangen werden soll. Es darf schlechterdings
ein Konsonant beim Singen nicht gedehnt
werden.

β. Vor Wörtern, die mit einem Vokal anfangen,
dürfen nicht die Konsonanten n oder m gehört
werden, also nicht: n–allein, statt: allein.

γ. Nie darf ein Konsonant eines vorhergehenden
Wortes zum Anfangsvokal des nachfolgenden
hinübergezogen werden, also nicht: Der–engel,
sondern: Der Engel.

II. Was gesungen werden soll.

Antwort: Choräle und Volkslieder. Da aber die Zahl
sowohl der vorhandenen Choralmelodien, als auch der Volks=
lieder keine geringe ist, so gilt es, sowohl von jenen als auch
von diesen eine Auswahl zu treffen. Hier ist eine solche,
von der, wer will, Gebrauch machen kann. Bei Anordnung

der Aufeinanderfolge hat man von dem Grundsatze: „vom Leichteren zum Schwereren" sich leiten lassen.

A. Choräle.

1. Christus, der ist mein Leben. (Text: Ach bleib' mit 2c.)
2. Liebster Jesu, wir sind hier. (Text: Unsern Ausgang segne 2c.)
3. Gott des Himmels und der Erden.
4. Lobe den Herren, den mächtigen König.
5. Nun laßt uns Gott dem Herrn. (Wach' auf mein Herz und singe 2c.)
6. Nun ruhen alle Wälder.
7. Vom Himmel hoch, da komm' ich her.
8. O daß ich tausend Zungen hätte.
9. O Gott du frommer Gott.
10. Mach's mit mir Gott nach deiner Güt'. (Text: Mir nach spricht Christus 2c.)
11. Es ist gewißlich an der Zeit. (Text: Ich will von meiner Missethat 2c.)
12. Valet will ich dir geben. (Text: Wie soll ich dich empfangen 2c.)
13. Freu' dich sehr o meine Seele. (Schaffet, schaffet, Menschenkinder 2c.)
14. Was Gott thut, das ist wohlgethan.
15. Herzlich thut mich verlangen. (Text: O Haupt voll Blut 2c.)
16. Aus tiefer Not. (Text: Herr, wie du willst, so 2c.)
17. Komm, o komm, du Geist. (Gott des Himmels 2c.)
18. Nun danket alle Gott.
19. Lobt Gott, ihr Christen allzugleich. (Ich singe dir mit 2c.)
20. Warum sollt' ich mich denn grämen.
21. Wie groß ist des Allmächt'gen Güte?

22. Wie schön leuchtet der Morgenstern!
23. Wachet auf, ruft uns die Stimme.
24. Schmücke dich, o liebe Seele.
25. O Lamm Gottes, unschuldig.
26. Christe, du Lamm Gottes.
27. Allein Gott in der Höh' sei Ehr'.
28. Ein feste Burg ist unser Gott.
29. Alle Menschen müssen sterben.
30. Jesus meine Zuversicht.
31. Dir, dir Jehova, will ich singen.
32. Nun lob mein Seel' den Herren.
33. Eins ist Not, o Herr dies Eine.
34. Herzliebster Jesu, was hast du verbrochen.
35. Wer nur den lieben Gott läßt walten.
36. Befiehl du deine Wege.
37. Jesu meine Freude.
38. Wie wohl ist mir, o Freund der Seelen.
39. Mache dich mein Geist bereit.
40. Es ist das Heil uns kommen her. (Text: Sei Lob und Ehr dem 2c.)
41. Aus meines Herzens Grunde.

B. Volkslieder.

Bezüglich der Auswahl von einzuübenden Volksliedern verzichten wir darauf, Vorschläge zu machen.

III. Wie das Gelernte verwertet werden soll.

A. Wie die Choräle.

1. Da es bei einer christlichen Gemeindeschule sich von selbst versteht, daß die erste tägliche Unterrichtsstunde mit Gesang und Gebet begonnen und die letzte ebenso geschlossen wird, so ist damit auch die erste Verwertung der gelernten Choräle an die Hand gegeben. Und da nicht bloß die Choral-

melodien eingeübt, sondern auch dazu gehörige Lieder aus dem Gesangbuche gelernt sind, so kann das vom Lehrer ausgewählte Lied, ohne daß man erst die Gesangbücher hervorzuholen und darin zu blättern nötig hat, sofort begonnen werden.

2. Eine sehr gute Verwendung ist auch die, welche darin besteht, daß der Lehrer während des Unterrichts, etwa in der biblischen Geschichts= oder der Katechismusstunde, plötzlich ein Lied anstimmt, das sich seinem Inhalt nach aufs allerengste an den eben behandelten Lehrstoff anschließt. Er wird sich bald überzeugen, ein wie geeignetes Mittel dies ist, den durchs gesprochene Wort hervorgebrachten Eindruck zu vertiefen.

3. Und welch eine schätzenswerte Förderung erwächst dem Gemeindegesang in den öffentlichen Gottesdiensten daraus, daß eine Kinderschaar sich daran beteiligt, welche mit den verschiedenen zur Verwendung kommenden Melodien genügend bekannt sind.

B. Wie die Volkslieder.

Dieselben können und sollen in und außerhalb der Schule zur Verwendung kommen.

1. In der Schule. Es mag genügen, daran zu erinnern, wie kaum ein anderes Mittel so geeignet sein dürfte, lahme und lähmende Schläfrigkeit in lebendige Frische umzuwandeln, als plötzliches Anstimmen eines hübschen Volksliedes.

2. Außerhalb der Schule, z. B. bei gemeinsamen Ausflügen.

H. Geographie, Geschichte und Naturkunde.

Wenn irgend thunlich, sollte der Geographie ein Plätzchen auf dem Lektionsplan der Volksschule eingeräumt werden, nicht nur, weil ohne geographischen Unterricht so mancher andere, z. B. der Geschichtsunterricht (zu welchem auch der Unterricht in der biblischen Geschichte gehört) nicht gedeihen kann, sondern auch, weil die Berufs= und Lebens=verhältnisse, in welche die Schüler später eintreten, es für sie als äußerst wünschenswert, wenn nicht als geradezu notwendig erscheinen lassen, ein gewisses Maß geographischer Kenntnisse zu erlangen. Wo sichs nicht thun läßt, etwa zwei Stunden auf dem Lektionsplan für den geographischen Unterricht zu bestimmen, da müssen die Lesestunden dazu benützt werden, den Schülern das Allernotwendigste beizubringen. Mit dem Unterricht in der Geographie ist Unterricht in der G e s c h i c h t e zu verbinden. Denn die Geographie b e d a r f für ihren Boden der belebenden Geschichte, wie umgekehrt die Geschichte für ihre Begebenheiten einen Boden haben muß. Auch die N a t u r k u n d e sollte in der Volksschule nicht so gar stief=mütterlich behandelt werden, wie es leider so häufig geschieht. Oder ist das etwa ein Geringes, wenn dem mitten unter den herrlichsten Wundern der Natur lebenden Landmann das Auge für dieselben wenigstens einigermaßen erschlossen wird?

Die nötige V o r b e r e i t u n g für den Unterricht in den genannten drei Fächern giebt der Anschauungsunterricht. (Siehe diesen.) Auf dem dort gelegten Grunde mag in der Weise weiter gebaut werden, daß der Lehrer sichs angelegen sein läßt, das in den einzelnen Abteilungen des Lesebuchs (des ersten, zweiten und dritten) enthaltene Material in den entsprechenden Klassen so durchzuarbeiten und den Kindern einzuprägen, daß es unverlierbares Eigentum derselben wird.

I. Anschauungsunterricht.

Man unterscheidet den beschreibenden und den erzählenden.

I. Der beschreibende.

1. Einige Grundregeln für denselben:

  a. Am Anfang sind nur solche Gegenstände, welche wirklich von den Kindern a n g e s c h a u t werden können, zu besprechen.

  b. Später geht man von den unmittelbaren Anschauungen zu den m i t t e l b a r e n über.

  c. Die F o r m betreffend ist zu merken, daß die allerelementarste Unterrichtsform, nämlich das Vorsprechen des Lehrers und das Nachsprechen der Kinder, welches letztere erst einzeln, dann im Chor zu geschehen hat, angewendet werden muß. —

2. Nach Stufen eingeteilter Plan.

  a. Das S c h u l z i m m e r.

    a. Das Schulzimmer s e l b s t mit seinen Bestandteilen.

    b. Die darin befindlichen G e g e n s t ä n d e, wozu auch die Lehrgerätschaften gehören. Diese sind richtig zu b e n e n n e n, und dann sind ihre auffälligsten E i g e n s c h a f t e n in Betracht zu nehmen.

  b. Der menschliche K ö r p e r.

    a. Seine hauptsächlichsten B e s t a n d t e i l e.

    b. Seine N a h r u n g.

    c. Seine K l e i d u n g, W ä s c h e.

  c. Das W o h n h a u s: Wohnstube, Schlafstube, Küche, Keller u. s. w., sowie die Geräte derselben und Angabe ihrer Verwendung.

  d. H a u s t i e r e.

    a. Welche so genannt werden: Hund, Katze 2c.

b. Beschreibung mehrerer derselben, d. i. Angabe
von: Gestalt, Größe, Farbe, Bedeckung,
Stimme, Glieder u. s. w.

c. Ihre Nahrung.

d. Nutzen und Schaden.

e. Die nächste Umgebung des Hauses.

    a. Was dazu gehört: Hof, Scheune, Stall, Garten.

    b. Was damit geschieht.

f. Die Stadt oder das Settlement, darin man
wohnt.

    a. Die mancherlei Gebäude.

    b. Die verschiedenen Beschäftigungen (Hand=
werke).

g. Der Wald.

    a. Die verschiedenen Arten der Bäume.

    b. Ihre Verwendung.

h. Berg, Thal, Ebene, Hügel, Fels, Schlucht, Höhle,
Steinbruch u. s. w.

i. Bach, Fluß, Quelle, Teich, See. (Entstehung und
Benutzung derselben.)

k. Tiere. Ihre Haupteinteilung. Vergleichung.

l. Pflanzen. Hauptpflanzenarten. Vergleichung.

m. Mineralien: Steine, Metalle, Salz, Kalk, Sand,
Lehm. Verwendung derselben.

n. Witterung. Wolken, Regen, Nebel, Tau,
Schnee, Reif, Eis, Gewitter, Hagel.

o. Maß und Gewicht.

II. Der erzählende. Hier werden kurze, an=
ziehende Erzählungen, welche innerhalb des Bereiches der
kindlichen Vorstellungen liegen, vom Lehrer vorerzählt.
Beim Abfragen des Vorerzählten muß, da das Sprechenlernen

eine der vorwiegendsten Rücksichten ist, darauf gesehen wer=
den, daß so viel als möglich in ganzen Sätzen geantwortet
wird. —

Unterrichtsprobe für den beschreibenden Anschau= ungsunterricht.

Das Schulzimmmer.

Lehrer: Ein Haus, in welchem geschlachtet wird, nennt
man ein Schlachthaus. Wie wird wohl ein Haus ge=
nannt, in welchem man wohnt? (Wohnhaus). Und wie
nennt man ein Haus, in welchem Schule gehalten wird?
(Schulhaus). Wiederhole das, Ernst! (Ein Haus, in wel=
chem ꝛc., nennt man Schulhaus. Alle zusammen: (Ein
Haus ꝛc.) Manche Häuser haben mehrere Zimmer oder
Stuben. Franz, wiederhole das! (Manche Häuser ꝛc.) Wie
nennt man das Zimmer, darin man schläft? Wie das, in
welchem gekocht wird? (Kochzimmer). Statt Kochzimmer
sagt man auch Küche. Wilhelm, wiederhole das! (Statt ꝛc.)
Manche Häuser haben nur ein Zimmer. Wie viele Zimmer
hat dieses unser Schulhaus? Wie nennt man wohl dieses
Zimmer, weil Schule darin gehalten wird? (Der Lehrer zeigt
nach einer der Wände und spricht:) Seht, dieses hier ist
eine Wand. Er zeigt nach einer anderen Seite und fragt:
Was ist das? (Das ist auch eine Wand). Und das? Und
das? Wie viele Wände hat dieses Schulzimmer? Nach
oben zeigend: Was ist das? (Decke). Lehrer: Das ist
die Decke. Wiederholen. Nach unten zeigend: Und was
ist das? (Das ist der Fußboden). Wie viele Wände hat
das Wohnzimmer in eurem Hause? Wie viele das
Schlafzimmer? Wie viele die Küche? Ihr seht, jedes
Zimmer hat vier Wände. Wie viele Decken hat die Wohn=

stube in eurem Hause? Wie viele die Schlafstube? Die
Küche? So ist's. Ihr seht, jedes Zimmer hat eine Decke.
Wie viele Fußböden hat das Wohnzimmer in eurem
Hause? Das Schlafzimmer? Die Küche? So ist's. Ihr
seht, jedes Zimmer hat einen Fußboden. Nach einem
Fenster zeigend: Was ist das? Nach dem Rahmen zeigend:
Dies nennt man den Rahmen. Derselbe ist, wie ihr seht,
von Holz. Nach den Scheiben zeigend: Dies sind die
Scheiben. Die sind von Glas. Das Fenster besteht also
aus dem Rahmen und aus den Scheiben. Woraus besteht
das Fenster? Zusammen: Das 2c. Woraus ist der Rahmen
gemacht? Von was sind die Scheiben gemacht? Auf die
Thüre zeigend: Was ist das? Wie viele Thüren hat
dieses Zimmer? Nun wollen wir einmal zusehen, was alles
in diesem Zimmer sich befindet. Wer kann mir etwas nennen?
(Die Wandtafel). Noch etwas? Die Uhr. Die Wandtafel
hat eine andere Farbe, als die Wände und Decke haben.
Wie sind, wenn man auf die Farbe schaut, die Wände und
die Decke des Schulzimmers? Wie ist die Wandtafel? Ihr
habt vorhin auch die Uhr genannt. Die Uhr hat eine andere
Gestalt, als die Wandtafel. Schauen wir uns erst die
Gestalt der Wandtafel ein wenig an. (Auf eine Ecke der
Wandtafel zeigend:) Was ist das? (Das ist eine Ecke).
Und das? (Das ist auch eine Ecke). Wie viele Ecken hat die
Wandtafel? Weil die Wandtafel vier Ecken hat, sagt man:
Die Wandtafel ist viereckig. Wiederholen. Nun schaut
auf die Uhr! Wie ist denn die Uhr gestaltet? Sie ist rund.
Wiederholen. Nun möchte ich noch gern hören, wozu die
Gegenstände, welche sich in unserm Schulzimmer befinden,
dienen. Wozu dient die Wandtafel? 2c.

Unterrichtsprobe für den erzählenden Anschauungsunterricht.

Um eine solche zu geben, müßte also hier zunächst eine Geschichte erzählt werden, und dann gälte es, die einzelnen Bestandteile der Geschichte durch geeignete Fragen und deren Beantwortung vorstellig zu machen. Nach allem Vorausgegangenen dürfte dies aber ziemlich überflüssig sein.

J. Schönschreiben.

I. Welches als das zu erstrebende Ziel angesehen werden muß. Die christliche Gemeindeschule hat ihr Ziel erreicht, wenn es ihr gelungen ist, den Schülern eine Handschrift anzueignen, welche folgende vier Eigenschaften besitzt:

1. Wenn sie deutlich ist. Zur Deutlichkeit gehört:

a. daß jeder Buchstabe vollständig dargestellt, daß also nichts, was dazu gehört, fortgelassen werde.

b. daß dem einzelnen Buchstaben der so nötige Parallelismus nicht fehlt, und daß der Neigungswinkel ein entsprechender ist, etwa ein Winkel von 55 Grad.

c. Daß die einzelnen Teile der Buchstaben im richtigen Verhältnis zu einander stehen (proportional sind). Bei der deutschen Kurrentschrift ist die Schrifthöhe in sieben Teile zu teilen, von welchen ein Teil auf die Grundlänge, drei Teile auf die Ober= und drei auf die Unterlänge kommen. Bei der englischen Kurrentschrift dagegen soll ein Teil auf die Grundlänge, zwei oder zwei und einhalb auf die Ober= und ebensoviel auf die Unterlänge kommen.

d. Daß Buchstaben und Buchstaben, sowie Wörter und Wörter in gehöriger Entfernung gehalten werden.

2. Wenn sie **einfach** ist. Alle Schnörkel und sogenannte Verzierungen sind fortzulassen.

3. Wenn sie **fließend** ist, wenn also mit richtig gehaltener und leicht bewegter Hand geschrieben wird.

4. Wenn sie **wohlgefällig** ist, d. h. wenn es der Handschrift weder an Verhältnismäßigkeit der Buchstaben, noch an Stärke, noch rechter Verteilung des Druckes, noch an dem so nötigen Parallelismus fehlt, noch an der dem Auge so wohlthuenden leichten Verbindung der einzelnen Züge und der Buchstaben, noch an der so wichtigen Sauberkeit und Nettigkeit der Darstellung.

II. **Wie dasselbe zu erreichen ist.** Durch ein Dreifaches:

1. Der Lehrer sorge für eine **scharfe Auffassung** der Buchstaben. Will er das, so ist nötig:

   a. Daß er vor den Augen der Schüler die einzelnen Buchstaben mit Kreide an der schwarzen Wandtafel **entstehen** läßt.

   b. Daß er sie **in ihre Teile zerlegt** und die Entstehung jedes einzelnen Teiles darstellt. Mit dieser Zerlegung geht die **Benennung** der einzelnen Teile Hand in Hand.

   c. Daß auf die Zerlegung eine mündliche Beschreibung folgt. Die Schüler müssen dabei angeben, aus welchen einzelnen Teilen der Buchstabe besteht, und auf welche Weise die einzelnen Teile zum Ganzen verbunden sind. Zuerst Beschreibung angesichts der Vorzeichnung, dann ohne dieselbe.

2. Nächst der richtigen Auffassung kommt die genaue **Nachahmung** in Betracht. Diese kann so geschehen, daß der Schüler in die Luft oder auf die Schiefertafel schreibt. Bei der Nachahmung aber ist nicht in erster Linie darauf

zu sehen, daß die entstehende Form den zu stellenden An=
forderungen möglichst entspricht, sondern auf Federhalten,
Finger= und Handbewegung und Körperhaltung. Selbst=
verständlich muß jeder Buchstabe solange geübt werden,
bis jeder erforderliche Zug nicht nur etlichermaßen korrekt,
sondern auch sicher und geläufig geschrieben werden kann.

3. Von besonderer Wichtigkeit ist, daß der Lehrer bei demsel=
ben Schüler n i ch t z w e i e r l e i H a n d s ch r i f t duldet,
eine sogenannte Schön= und eine Schmierschrift, sondern
es geht nach der Regel: a l l e s Schreiben ist S ch ö n =
schreiben. Eben deswegen ist auch darauf zu achten, daß
beim Schreiben das richtige T e m p o eingehalten wird.
Die Uebungen im S ch n e l l schreiben sind darum in die
Oberklasse zu verlegen.

4. Die vonseiten des Lehrers vorzunehmende Korrektur an=
langend, möchten wir empfehlen, daß wenig getadelt, um
so mehr Anleitung zum Bessermachen gegeben werde.

B. Auf welche Weise sich das Streben des Lehrers nach Vermehrung seiner Kenntnisse bethätigen soll.

Wir antworten: In der Weise,

1. Daß er es an fleißigem W e i t e r s t u d i u m nicht fehlen
läßt. Wir halten einen Lehrer, der nicht mit allem Ernste
weiter studiert, nicht bloß für einen b e d a u e r n s =
w e r t e n, sondern auch auch für einen g e w i s s e n l o s e n.

2. Daß er, wo es angeht, zum öftern dem Unterrichte tüchti=
ger Kollegen beiwohnt. Es giebt da immer Gelegenheit,
etwas zu lernen.

3. Daß er sich treulich bei den eingeführten Lehrerkonferenzen
einstellt und mit Eifer an den Arbeiten derselben beteiligt.
Wir denken hier an das herrliche Wort: „Dienet ein=
ander, ein jeglicher mit der Gabe, die er empfangen hat", 2c.

2. Vom Gebrauche der Kenntnisse.

Neben dem, daß bei dem Lehrer die erforderlichen theoretischen Kenntnisse vorhanden sind und das Streben nach Vermehrung derselben bei ihm nicht mangelt, muß bei ihm aber
auch die Fähigkeit vorhanden sein, von seinen Kenntnissen
den rechten Gebrauch zu machen. Man bezeichnet diese Fähigkeit mit dem Namen „Lehrgabe“. Wenn der Apostel sagt:
„Unterwinde sich nicht jedermann, Lehrer zu sein“, so denkt er
da ja freilich an die Verwaltung des heiligen Predigtamtes.
Aber er spricht damit immerhin einen Grundsatz aus, der die
höchste Beachtung verdient, nämlich den, daß das Lehren oder
Unterrichten etwas sei, wozu nicht jeder die nötige natürliche
Begabung habe. Es ist ein eigentümliches Ding um diejenige
Gabe, die man Lehrgabe nennt. Da kann Einer im Besitze
eines enormen Reichtums von Kenntnissen sein, und doch ist
er als Lehrer, sei es einer höheren oder niederen Schule, nicht
zu gebrauchen. Er ist vielleicht ganz wohl imstande, als
Schriftsteller sein Licht leuchten zu lassen, aber in der Schul-
stube oder im Lehrsaal vermag er nichts Ordentliches zu
leisten. Es fehlt ihm also nicht an der Gabe, überhaupt sein
Wissen zu verwerten, sondern es fehlt ihm an dem Vermögen,
unterrichtlichen Gebrauch davon zu machen. Der Un-
terrichtende aber muß, wenn seine Thätigkeit den gewünschten
Erfolg haben soll, die Gabe besitzen, das Unterrichtsmaterial
in einer der Fassungskraft und der Bildungsstufe seiner
Schüler entsprechenden Zubereitung und in einer zweck-
entsprechenden Weise darzubieten. Die Gabe, dies zu leisten,
ist gemeint, wenn man von „Lehrgabe“ redet. Wem sie
fehlt, dem fehlt ein so wesentliches Erforder-
nis, daß er wohl daran thut, wenn er sich nicht unterwindet,
Lehrer zu werden, oder zu sein.

Kleiner Anhang,

betreffend die Arbeiten, welche von den Kindern zu Hause für die Schule zu machen sind.

In Beziehung auf diese Arbeiten möchten wir Folgendes bemerken:

1. Vor allem dürfen dieselben, was das Maß oder den Umfang anlangt, die richtige Grenze nicht überschreiten. Es ist nicht bloß unverständig, sondern auch unrecht, einem Kinde mehr aufzugeben, als es bei seiner Begabung und seiner freien Zeit zu bewältigen imstande ist.

2. Es darf nichts von einem Kinde gefordert werden, was es nicht ohne Mithilfe der Eltern leisten kann.

3. Von den verrichteten Arbeiten muß irgendwie vom Lehrer Notiz genommen werden.

4. Wir empfehlen Aufgaben, wie die folgenden, zur häuslichen Beschäftigung:

a. Im Anschluß an den Unterricht in der biblischen Geschichte. Oberklasse: Die heute durchgenommene Geschichte muß für die nächste Geschichtsstunde so gelernt werden, daß sie von jedem Schüler erzählt werden kann. Mittelklasse: Die unter der durchgenommenen Geschichte stehenden Fragen müssen von jedem Schüler mündlich beantwortet werden können.

b. Im Anschluß an den Unterricht im Katechismus. Ober-, Mittel- und Unterklasse: Das zum Auswendiglernen aufgegebene Pensum muß sicher und geläufig aufgesagt werden können, mag es ein Abschnitt aus dem Text, oder aus der Auslegung, oder mögen es Sprüche sein.

c. Im Anschluß an den Unterricht in der deutschen Sprache.

a. Lesen. Jeder einzelne Abschnitt (nicht jedesmal das ganze Lesestück) ist so oft durchzulesen, als nötig, um ihn ohne Fehler vorlesen zu können.

b. Orthographie. Oberklasse: Jedes Wort der zehn ersten Zeilen des aufgegebenen Lesestücks muß richtig buchstabiert oder geschrieben werden können. Mittelklasse: Statt zehn Zeilen, wie bei der Oberklasse, bloß fünf. Unterklasse: Blos zwei bis drei Zeilen.

c. Aufsätze. Der heute zur stillen Beschäftigung während des Schulunterrichts aufgegebene und auf die Schiefertafel geschriebene Aufsatz ist zu Hause sauber in das betreffende Schreibheft einzuschreiben.

d. Rechnen. Einige Aufgaben von der Art, wie sie in der letzten Rechenstunde besprochen worden sind, mögen zur vorschriftsmäßigen Lösung mit nach Hause gegeben werden. Daneben ist das Einmaleins, und sind die Tabellen von Münzen, Maßen, Gewichten 2c. abschnittsweise zu Hause zu lernen.

Zweite Abteilung.

Die Lösung der Aufgabe als Erziehungsanstalt
(Das Wort „Erziehung" im engeren Sinne genommen).

Sie wird durch Mancherlei bedingt. An dieser Stelle heben wir blos Eins hervor, und dies ist

Die nötige Erziehertüchtigkeit des Lehrers.

Dieselbe schließt in sich für's erste: eine ausreichende Bekanntschaft mit den hauptsächlichsten Erziehungsmitteln, und für's andere: das erforderliche Geschick, von den genannten Mitteln entsprechenden Gebrauch zu machen.

Erster Abschnitt.

Ausreichende Bekanntschaft mit den hauptsächlichsten Erziehungsmitteln.

Die Mittel, die wir dieses Orts in Betracht nehmen wollen, sind: eine gute Schulordnung, das Wort des Lehrers, das Thun des Lehrers, die persönliche Erscheinung und Haltung des Lehrers.

I. Eine gute Schulordnung.

Eine solche ist von hoher Wichtigkeit nicht blos im Interesse der Handhabung der Disziplin während der Schulzeit, sondern auch um des Nutzens willen, der aus guten Gewohnheiten entspringt.

1. Die Ordnung vor und bei Beginn der Schule.

a. Vor Beginn. Es ist darauf zu sehen,

a. daß alle Schüler vor Beginn des Unterrichts anwesend sind;

b. daß sie vor dem Eintritt in's Schulzimmer ihre Fußbekleidung genügend reinigen;

c. daß sie nach dem Eintritt

   a. dasjenige von ihrer Kleidung, was für die Dauer der Unterrichtszeit abzulegen ist, an dem ihnen zugewiesenen Platze aufhängen;

   β. sofort dann sich auf ihren Platz begeben;

   γ. an demselben die mitgebrachten Bücher ꝛc. an der dazu bestimmten Stelle ordentlich niederlegen, und dann

   δ. ohne mit einem Mitschüler zu plaudern, die Ankunft des Lehrers erwarten.

d. daß die K l a s s e n aufseher, welche beim Beginn eines Semesters vom Lehrer zu ernennen sind, ihres Amtes warten:

    α. darüber wachen, daß keine Ungehörigkeiten vorkommen, weder mit W o r t e n , noch mit Werken;

    β. dafür sorgen, daß die ihnen zugewiesenen Dienste (Schwamm und Kreide zurecht legen, Schultafel abwischen 2c.) rechtzeitig gethan werden.

b. B e i Beginn:

    α. W a n n sie beginnen soll. Antwort: Genau zu der Zeit, die für den Beginn f e s t g e s e t z t ist. Es ist Unordnung,

        a. wenn der L e h r e r zu spät kommt;

        β. wenn ein S c h ü l e r zu spät kommt.

    b. W o m i t sie beginnen soll. Mit G e s a n g und G e b e t .

2. Die Ordnung während des Unterrichts.

a. Kein Kind darf u n b e s c h ä f t i g t bleiben. Darüber, wie diejenigen Klassen, die gerade nicht mündlich unterrichtet werden, zu beschäftigen sind, giebt der Stundenplan Auskunft.

b. Beim Unterricht muß der Lehrer mit rechtem Ernste darauf bedacht sein, die A u f m e r k s a m k e i t seiner Klasse zu fesseln;

c. Jeder Schüler der ganzen Schule muß sich unter b e s t ä n d i g e r K o n t r o l e wissen.

d. Hat ein Schüler während des Unterrichts etwas zu fragen, oder zu bitten, so muß er dazu durch Aufheben des Zeigefingers erst sich E r l a u b n i s einholen.

e. Beim Unterricht in gewissen einzelnen Fächern ist zu verfahren wie folgt:

a. Im Schreiben und Zeichnen. Wenn der Unterricht beginnen soll, entnehmen die Klassenaufseher dem vom Lehrer zu öffnenden Schulschranke die Schreib- und Zeichnenhefte und teilen sie in bestimmter Ordnung aus. Am Schluß der Stunde werden die Hefte von denselben Aufsehern in umgekehrter Ordnung wieder eingesammelt und im Schulschrank an ihren Platz gelegt.

b. Im Singen. Wenn der Singunterricht beginnen soll, und der Lehrer hat die Absicht, zweistimmig singen zu lassen, so treten alle Schüler auf ein gegebenes Zeichen aus ihren Sitzen heraus, und auf ein zweites jeder zu dem für die Singstunde (nicht bloß für die heutige) ihm angewiesenen Platz. Auch dieser Wechsel der Plätze muß ohne Lärm und in bestimmter Ordnung vollzogen werden.

c. Im Rechtschreiben. Wenn nach Beendigung des Diktats jedes Kind das Geschriebene mit Aufmerksamkeit durchgelesen, und etwa aufgefundene Fehler beseitigt hat, so sind die Tafeln in einer Ordnung, die ein für allemal gegeben ist, in aller Stille auf ein gegebenes Zeichen zu wechseln. Ist dies geschehen, so hat jeder Schüler jedes auf der vor ihm liegenden Tafel falsch geschriebene Wort zu unterstreichen. Ein Weiteres hat von ihm nicht zu geschehen. (Siehe Wegweiser Seite 72.) Nach Beendigung dieser Arbeit sind die Tafeln auf ein zweites Zeichen an den Eigentümer zurückzugeben. Sofort nach Empfang seiner Tafel beginnt der Einzelne das Eintragen der vorhandenen Fehler ins Fehlerbüchlein.

f. Es muß Regel sein, daß während einer Unterrichtsſtunde kein Kind hinausgeht. Ausnahmen ſind unter Umſtänden nicht zu vermeiden.

g. Am Schluſſe der täglichen Unterrichtsſtunden wird die Liſte der Schüler verleſen, und die Namen der fehlenden werden in das Abſentenbuch eingeſchrieben.

h. Nach der zweiten Unterrichtsſtunde findet eine Pauſe von fünfzehn Minuten ſtatt. In jeder Pauſe gehen ſämtliche Kinder ins Freie.

3. Die Ordnung beim Schluß der Schule.

a. Der Schluß muß eben ſo pünktlich eintreten, wie der Anfang.

b. Geſchloſſen wird mit Geſang und Gebet.

c. Nach dem Gebet treten die Schüler in geordneter Reihenfolge, am beſten bankweiſe, zu dem Platze, an dem ſich ihre Kleider befinden, um ſich anzukleiden, welches in aller Stille zu geſchehen hat, und nach welchem ſie ſich wieder auf ihre Plätze zu begeben haben, um von da in der feſtgeſetzten Ordnung das Schulzimmer zu verlaſſen.

II. Das Wort des Lehrers.

In Betracht zu ziehen iſt das unterrichtliche, das zurechtweiſende, das mahnende, das ermunternde, das ſtrafende, das lobende (anerkennende).

1. Das unterrichtende Wort.

Derjenige Unterricht, bei welchem vornehmlich ein erziehliches Einwirken auf die Schüler zu erſtreben iſt, iſt der Religionsunterricht. Derſelbe iſt ja auch Unterrichtsmittel, d. i. er dient dazu, dem Schüler Kenntniſſe zu übermitteln, ihn mit dem Worte Gottes und der darin beſchloſſenen ewigen Wahrheit bekannt zu machen. Aber dieſe Uebermittelung, dies Be=

kanntmachen soll einem ganz bestimmten Zwecke dienen. Das Absehen des Lehrers soll dabei in erster Linie darauf gerichtet sein, dem Herzen des Schülers die Kraft und Köstlichkeit der im Worte beschlossenen Wahrheit zu schmecken zu geben, in der Hoffnung, daß von da aus eine Beeinflussung des Willens schon nachfolgen werde. Nur wo das unterrichtliche Wort mit rechtem Ernste in den Dienst dieses Zweckes gestellt wird, wird es als Erziehungsmittel verwendet. Was hat dann aber von Seiten des Lehrers zu geschehen, wenn er mit seinem Religionsunterricht diesem Zwecke dienen will? Er hat vor allem das zu erstreben, daß sein Darlegen der himmlischen Wahrheit sich je länger je mehr als ein warmes Bezeugen derselben darstellt, so daß der Schüler spürt, daß, was er zu hören bekommt, Ausfluß aus dem glaubensvollen Herzen des Lehrers ist.

2. Das zurechtweisende Wort.

Eine Zurechtweisung ist da am Platze, wo der Schüler in seinem Reden oder Handeln aus Mangel an richtiger Einsicht, also ohne sein Verschulden, einen Mißgriff gemacht hat. Es ist ein eben so folgenschweres, als häufig vorkommendes Unrecht, welches an Zöglingen von Seiten ihrer Erzieher dadurch begangen wird, daß man nicht auseinanderhält, was der Strafe, und was der Zurechtweisung bedarf. Die Zurechtweisung ist ein Dienst, welcher darin besteht, daß einem Irrenden auf den rechten Weg geholfen wird, ohne mit diesem Zurechthelfen irgend welchen Tadel zu verbinden.

3. Das mahnende Wort.

Mahnen heißt, jemand, der ganz wohl weiß, was er zu thun und zu lassen hat, in Kraft derjenigen Auktorität, welche dem Ermahnenden zukommt, auffordern, sich der Leistung deſſen, was er zu leiſten, oder der Unterlaſſung deſſen, was er zu unterlaſſen ſchuldig iſt, mit größerem Ernſte zu unterziehen. Daß bei der Ausrichtung dieſes Teiles des Erzieherberufes beſonders viel darauf ankommt, aus was für einer **H e r = z e n s ſ t e l l u n g** das mahnende Wort hervorwächſt, liegt auf der Hand. Es giebt ein geiſtliches und ein fleiſchliches Ermahnen, ein ſolches, das aus wirklicher Liebe, und ein ſolches, das aus der ſchmutzigen Selbſtſucht hervorgeht. Nur das geiſtliche Ermahnen iſt imſtande, die gewünſchte Frucht zu ſchaffen.

4. Das ermunternde Wort.

Ein ſolches iſt von dem Erzieher dann anzuwenden, wenn es am Tage liegt, daß folgende drei Umſtände beim Zögling ſich beiſammen finden: erſtens, daß aller guter Wille vor= handen iſt, zu leiſten, was ihm aufgetragen wurde; zweitens, daß es ihm auch an dem zur Leiſtung nötigen Vermögen nicht fehlt; daß aber drittens **n a c h d e r M e i n u n g d e s Z ö g l i n g s** die Leiſtung des Verlangten das Maß ſeiner Kraft überſteigt. Die Ermunterung ſelbſt beſteht dann in einem Zuſprechen von Seiten des Erziehers, in welchem dem Zögling bezeugt wird, daß ein energiſches Anſtrengen der bei ihm vorhandenen Kraft, weil ſie thatſächlich eine ausreichende ſei, ſicher den gewünſchten Erfolg haben werde.

5. Das ſtrafende Wort. (Ein kurzer Tadel, ein ernſter Verweis.)

Dasſelbe bezeugt dem Schüler, daß ein **U n r e c h t** von ihm begangen worden ſei, und daß alſo eine **S c h u l d** auf ihm liege. Gleichzeitig giebt ihm der Erzieher ſeine **U n z u = f r i e d e n h e i t** mit dem ſtrafwürdigen Verhalten zu er= kennen.

Sowohl aber das Bezeugen des vom Zögling begangenen Unrechts, als der eigenen Unzufriedenheit muß ſo geſchehen, daß in Stimme und Benehmen des Erziehers der volle sittliche Ernst der im Herzen wohnenden Liebe zu Tage tritt. Am meisten jedoch muß der Erzieher auf der Hut sein, daß sein Strafen nicht den Charakter des Schimpfens und Scheltens annimmt. Durch solches entwürdigt der Erzieher sich selbst.

6. Das lobende (anerkennende) Wort.

Unter den mancherlei Mitteln, mit deren Anwendung es darauf abgesehen wird, die Schüler namentlich zu rechtem Lerneifer zu reizen, dürfte schwerlich ein wirksameres zu finden sein, als ein Wort warmer, herzlicher Anerkennung. Wo das zwischen Lehrer und Schüler bestehende persönliche Verhältnis ein richtiges ist, da giebt es für den letzteren keine größere Freude, als die, seinem Lehrer Freude zu bereiten. Der Weg aber zu diesem Ziele ist insonderheit der Weg unermüdlicher Anstrengung, immer etwas Ordentliches zu leisten. Kein Wunder, daß unter solchen Umständen gerade eine Zufriedenheitsäußerung, das ist also eine Anerkennung, so viel auszurichten vermag.

III. Das Thun des Lehrers.

Wir unterscheiden: Das Vorthun, das Thun für den Zögling, das Thun mit den Zöglingen, und dasjenige Thun an dem Zöglinge, welches in einer thatsächlichen Bestrafung besteht.

1. Das Vorthun oder Vormachen.

Wir denken hier an dasjenige Thun des Lehrers, welches in der Absicht geschieht, daß es vom Zögling nachgethan (nachgeahmt) werde. Ein solches Vorthun ist nötig bei allen mechanischen Fertigkeiten. Da muß also vorgesprochen, vorgelesen, vorgesungen, vorgeschrieben, vorgezeichnet ꝛc. werden. Auch die Leibesübungen gehören hierher. Alle die Bewegungen mit den einzelnen Körperteilen, welche von dem Zögling ausgeführt werden sollen, sind von dem Erzieher vorzumachen.

Noch auf ein anderes Vorthun ist hier hinzuweisen, nämlich auf das Vorthun auf dem Gebiete des sittlichen Lebens. Einer der stärksten natürlichen Triebe des Kindes ist der Nachahmungstrieb. Ein Lehrer, der in seinem gesamten Verhalten vor den Kindern als ein ordnungsliebender sich erweist, wird durch sein Beispiel seine Zöglinge zur Ordnungsliebe reizen. Ein Lehrer, dem man es ansieht und abmerkt, daß er die Reinlichkeit lieb hat, wird durch sein Beispiel zur Reinlichkeit reizen. Ebenso verhält sich's mit den Tugenden des Fleißes, der Dankbarkeit, der Gefälligkeit, der Höflichkeit, der Freundlichkeit ꝛc.

2. Das Thun für den Zögling.

Von den hierher gehörigen Verrichtungen des Erziehers sind vornehmlich die Fürbitte und die Fürsorge namhaft zu machen.

a. Die Fürbitte. Jeglicher ernst gemeinten Fürbitte wohnt die Kraft inne, das Herz dessen, von dem sie geschieht, mit dem Herzen dessen, für den sie geschieht, inniger zu verbinden. Denn so gewiß sie Frucht herzlicher Liebe ist, so gewiß wird sie durch Gottes Gnade zu heiligem Oel für das Feuer der Liebe. Schon dieser eine Umstand läßt, ganz abgesehen von den Segnungen der Erhörung der Fürbitte, ihre hohe Wichtigkeit für das Werk der Erziehung erkennen.

b. Die Fürsorge, nämlich die sich bethätigende.

   α. Die Fürsorge für das leibliche Wohl der Zöglinge. Dieselbe pflegt sich zu bethätigen durch die mancherlei Anordnungen in Betreff der Heizung, der Luftreinigung ꝛc. des Schulzimmers, der Körperhaltung der Schüler beim Sitzen, namentlich wenn geschrieben wird; in Betreff der Spiele in den Pausen; durch Beihilfe bei eintretendem Unwohlsein; durch das Besuchen kranker Schüler; durch Erzeigung von Gefälligkeiten; durch Erfüllung von Wünschen u. s. w.

b. Die Fürsorge für das geistliche Wohl derselben. Diese pflegt sich zu bethätigen durch liebevolle Ueberwachung der Aeußerungen des inneren Lebens und eine dem wahrgenommenen Zustande entsprechende Behandlung; durch Austeilen geistlicher Wohlthaten, z. B. bei einem Krankenbesuch wird ein gewisses Büchlein dem lieben Kranken zum Geschenk gemacht ꝛc.

3. Das Thun mit den Zöglingen.

Hier handelt sich's also um ein Teilnehmen des Erziehers an gewissen Verrichtungen seiner Zöglinge. Wer, der es liebt mit Kindern zusammen zu sein, hätte es noch nicht bemerkt, welch ganz besondere Freude es den Kindern macht, wenn der Lehrer dann und wann vorübergehend gewissermaßen selber Kind wird, indem er in Kindes Weise teilnimmt an einem ihrer Spiele! Diese Freude aber ist nichts geringeres, als ein neues Band zu innigerer Verbindung der Kinderherzen mit dem Herzen des Lehrers.

4. Dasjenige Thun an dem Zöglinge, welches in einer thatsächlichen Bestrafung besteht.

Die Schulstrafe, so wird mit Recht betont, ist wesentlich als Arzneimittel anzusehen und zu gebrauchen. Das zu bestrafende Vergehen tritt da also vorwiegend unter den Ge-

fichtspunkte einer Krankheitserscheinung, und zwar der Erscheinung entweder einer geistigen oder geistlichen Krankheit,
von welcher der mit ihr Behaftete geheilt werden soll. Eben
deswegen muß die Schulstrafe mehr, als dies bei der bürger-
lichen Strafe geschehen kann, dem zu strafenden Zöglinge an-
gepaßt sein, d. i. sie muß nicht allein mit Rücksicht auf die
Größe und Qualität des vorliegenden Vergehens, sondern auch auf die Individualität und die Sittlichkeitsstufe
des zu Bestrafenden ausgewählt werden.

Man pflegt die Schulstrafen in folgende Klassen einzu-
teilen: in Ehrenstrafen, Freiheitsstrafen und körperliche Strafen. Wir haben es an dieser Stelle bloß mit den körper-
lichen Strafen zu thun. Diese anlangend halten wir dafür,

a. daß sie nur dann anzuwenden sind, wenn entweder mit
   dem übrigen nichts ausgerichtet werden kann, oder wenn
   ein Schüler in boshaftem Trotze sich wider den Lehrer
   auflehnt;

b. daß sie niemals „bis zu Mißhandlungen, welche der Ge-
   sundheit der Kinder auch nur auf entfernte Art schädlich
   werden können, ausgedehnt werden dürfen";

c. daß in Fällen, in welchen ein besonders schweres Ver-
   brechen vorliegt, der Lehrer dem Schulvorstande davon Anzeige machen soll, der dann zu handeln hat.

Anmerkung.

Die Anwendung der verschiedenen Strafen betreffend, empfehlen wir folgende Aufeinanderfolge:

1. Ein ernster, verweisender Blick.
2. Ein Klopfen auf den Tisch mit ernstem Anschauen des
   Gemeinten.
3. Ein Zuruf mit Warnung.
4. Ein kurzes Wort des Tadels.
5. Ein strenger Verweis.
6. Aufstehenlassen vom Platze.

7. Heraustreten aus der Bankreihe.
8. Alleinstehen in einer Ecke des Zimmers.
9. Das Dableiben nach der Schule (natürlich auch des Lehrers).
10. Die körperliche Züchtigung.

IV. Die persönliche Haltung und Erscheinung des Lehrers.

Dieselbe muß darum als ein so überaus wichtiges Er=
ziehungsmittel anerkannt werden, weil auf den Zögling nichts
einen so mächtigen Eindruck macht, als eben eine t ü c h t i g e
P e r s ö n l i c h k e i t. Als solche steht aber der Lehrer dann
vor seinen Schülern, wenn aus der bei all seinen Amtsver=
richtungen zutage tretenden Meisterschaft jene Fülle von Kraft
und Güte hervorleuchtet, die so wunderbar zum Herzen spricht.
Aber freilich, zu der soeben beschriebenen Tüchtigkeit muß bei
einem c h r i s t l i c h e n Erzieher noch ein Merkmal hinzukom=
men : er muß auch ein wirklicher Christ, muß durch Glauben
und Liebe mit dem Erlöser verbunden sein, muß in wahrer,
persönlicher Gemeinschaft und Gemeinschaftspflege mit ihm
stehen. In demselben Maße, in welchem er bei der Selbst=
darstellung, von der wir redeten, als einen treuen und eifrigen
N a c h f o l g e r C h r i s t i sich darstellen wird, in demselben
wird auch sein Einfluß ein tieferer und reicherer sein.

Zweiter Abschnitt.

Das erforderliche G e s c h i c k des Lehrers, von den genannten Mitteln auch entsprechenden G e b r a u c h zu machen.

Wenn wir von Mangel an Geschick reden, so denken wir
da nicht an die bei jedem Anfänger mehr oder weniger vor=
handene Unsicherheit des Auftretens bei seinem erziehlichen
Einwirken, sondern an den Mangel an der Fähigkeit, in jedem

einzelnen Falle, in welchem ein Eingreifen vonseiten des Erziehers notwendig ist, das rechte Mittel in der rechten
Weise zur Anwendung zu bringen. Wo es wirklich an dem
erwähnten Geschick mangelt, da ist ein Mangel vorhanden,
welchem gegenüber jeglicher Versuch, ihn durch Uebung zu beseitigen, als ein vergeblicher sich erweist. Eben darum ist die
Frage, ob das in Rede stehende Geschick bei einem angehenden
Erzieher vorhanden ist, oder nicht, in unsern Augen von
geradezu entscheidender Bedeutung. Denn was hilft einem
Lehrer die beste Schulordnung auf dem Papier,
wenn er nicht imstande ist, sie durchzuführen? Wenn er nicht
das Auge hat, das jeden Schüler unter Kontrolle hält?
Wenn er nicht die Energie hat, jeder Mißachtung der Ordnung mannhaft entgegenzutreten? Was hilft es ihm, zu
wissen, welch hochwichtiges Erziehungsmittel das Wort ist,
wenn er keinen Gebrauch davon zu machen versteht? Wenn
ihm, wo ein glaubensfreudiges Zeugnis der göttlichen
Wahrheit abgelegt werden sollte, nicht bloß die innere Wärme,
sondern auch die Gabe der Darstellung dessen fehlt, was zu
sagen wäre; wenn er, wo eine freundliche Zurechtweisung eintreten sollte, keine Ahnung davon hat, daß so etwas
am Platze wäre; wenn er, wo es gälte, einem verzagten
Schüler mit einem Worte frischer Ermunterung unter die
Arme zu greifen, glaubt, ihn für einen Dummkopf erklären
zu müssen; wenn er, um auch ein Beispiel vom Thun zu
bringen, wo eine körperliche Züchtigung vorgenommen werden
muß und von ihm auch vorgenommen wird, dabei sich so an-
stellt, daß die zuschauende Klasse in lautes Lachen ausbricht.
Es bleibt also dabei: Wo das zu richtiger Handhabung der
Erziehungsmittel nötige Geschick fehlt, da muß das Werk der
Erziehung mißraten.

Stundenplan für Montag und Donnerstag.

Klassen	Abteilungen	Unterrichtszeit und Unterrichtsgegenstände	Stille Beschäftigung der Kinder.
		9.00—9.45	**Vormittag**
O. Kl.	I II	} Bibl. Geschichte	——
M. Kl.	I II		——
U. Kl.	I II		——
		9.45—10.45	
O. Kl.	I II	—— ——	Schriftl. Erzählen der durchgenomm. bibl. Geschichte. Schriftl. Beantw. der im Hist.-Buch enthalt. Fragen.
M. Kl.	I II	} Lesen 9.45—10.15	} Abschreiben der biblischen Geschichte. 10.15—10.45.
U. Kl.	I II	} Lesen 10.15—10.45	} Abschreiben von der Wandtafel. 9.45—10.15.
		11.00—12.00	**10.45—11.00 Pause.**
O. Kl.	I II	} Arithmetic 40 Minuten	} Abschnitte aus den Tabellen von Maßen 2c. auswendig niederschreiben. 11.40—12.00.
M. Kl.	I II		
U. Kl.	I II	} Rechnen 20 Minuten	} Es werden Zahlenreihen gebildet, oder andere Uebungen gemacht. 11.00—11.40.
		1.15—1.45	**Nachmittag.**
O. Kl.	I II	Geography	——
M. Kl.	I II	——	Slate work from black board.
U. Kl.	I II	——	Abschreiben.
		1.45—2.45	
O. Kl.	I II	——	Written work in Geography.
M. Kl.	I II	Reading. 1.45—2.15	Slate work copying reading lesson. 2.15—2.45.
U. Kl.	I II	Lesen. 2.15—2.45	Abschreiben. 1.45—2.15.
		3.00—4.00	**2.45—3.00 Pause**
O. Kl.	I II	} Zeichnen. 3.00—3.30.	} Singen. 3.30—4.00.
M. Kl.	I II		
U. Kl.	I II	} Anschauungsunterricht. 3.00.—3.30.	

Stundenplan für Dienstag und Freitag.

Klassen	Abteilungen	Unterrichtszeit und Unterrichtsgegenstände	Stille Beschäftigung der Kinder.
		9.00—10.00	**Vormittag.**
D. Kl.	I II	Katechismus, und zwar von 9.00—9.30 Abhören dessen, was in allen Klassen zum Auswendiglernen aufgegeben worden ist, und von 9.30—10 Erklärung des dafür bestimmten Abschnitts.	
M. Kl.	I II		
U. Kl.	I II		
		10.00—10.45	
D. Kl.	I II	——	Schriftliche Sprachübungen.
M. Kl.	I II	Lesen. 10.00—10.20	Lösungen von sprachlichen Aufgaben im Anschluß an das Gelesene. 10.20—10.45.
U. Kl.	I II	Lesen. 10.20—10.45	Abschreiben. 10.00—10.20.
		11.00—12.00	10.45—11.00 **Pause.**
D. Kl.	I II	Lesen. 11.00—11.20	Lösung von Rechenaufgaben. 11.20—12.00.
M. Kl.	I II	Arithmetic 11.20—11.40	Lösung v. Rechenaufg. 11.00—11.20 u. 11.40—12.00
U. Kl.	I II	Rechnen. 11.40—12.00	Es werden Zahlenreihen gebildet. 11.00—11.40.
		1.15—1.45	**Nachmittag.**
D. Kl.	I II	U. S. History	——
M. Kl.	I II	——	Slate work from black board.
U. Kl.	I II	——	Abschreiben von der Wandtafel.
		1.45—2.45	
D. Kl.	I II	——	Written work in U. S. History.
M. Kl.	I II	Reading. 1.45—2.15	Copying reading lesson.
U. Kl.	I II	Lesen. 2.15—2.45	Abschreiben.
		3.00—4.00	2.45—3.00 **Pause.**
D. Kl.	I II	Reading. 3.00—3.30	Schönschreiben. 3.30—4.00.
M. Kl.	I II	——	Aufsatzübung 3.00—3.10 u. Schönschreiben 3.30—4.00
U. Kl.	I II	Rechnen. 3.30—4.00	Uebungen im Rechnen. 3.00—3.30.

Stundenplan für Mittwoch.

Klaſſen	Abteilungen	Unterrichtszeit und Unterrichtsgegenſtände	Stille Beſchäftigung der Kinder.
		9.00—10.00	**Vormittag.**
O. Kl.	I / II	Bibelleſen 9.00—9.30 ⎱ Kirchenlied 9.30—10	—
M. Kl.	I / II	—	Die auswendiggelernten Liederverſe aufſchreiben. 9.00—9.30.
U. Kl.	I / II	—	Stilles Leſen eines Abſchnitts aus der Fibel reſp. bem erſten Leſebuch, 9.00—9.30; Zuhören, 9.30—10.00.
		10.00—10.45	
O. Kl.	I / II	—	Schriftliche Sprachübungen. 10.00—10.45.
M. Kl.	I / II	Leſen. 10.00—10.25	Schriftliche Sprachübungen. 10.25—10.45.
U. Kl.	I / II	Leſen. 10.25—10.45	Abſchreiben. 10.00—10.25.
		11.00—12.00	**10.45— 11.00 Pauſe.**
O. Kl.	I / II	Reading. 11.00—11.30	Composition. 11.30—12.00.
M. Kl.	I / II	—	Aufſchreiben eines auswendiggelernten Abſchnitts der Tabellen von Münzen, Maße, Gewichte.
U. Kl.	I / II	Rechnen. 11.30—12.00	Schriftliche Zahlenübungen. 11.00—11.30.
		1.15—1.45	**Nachmittag.**
O. Kl.	I / II	Ueberſetzen mit gram. Belehrungen, engl.	—
M. Kl.	I / II	—	Slate work from black board.
U. Kl.	I / II	—	Abſchreiben von der Wandtafel.
		1.45—2.45	
O. Kl.	I / II	—	Schriftliches Ueberſetzen des mündlich durchgenommenen Penſums.
M. Kl.	I / II	Reading. 1.45—2.15	Schreiben des engliſchen Leſeſtückes. 2.15—2.45.
U. Kl.	I / II	Leſen. 2.15—2.45	Abſchreiben. 1.45—2.15.
		3.00—4.00	**2.45—3.00 Pauſe.**
O. Kl.	I / II	⎱ Diktat nach vorausgegang. Vorbereitung. 3.00—3.30 ⎰ Taktſchreiben. 3.30—4.00	Einſchreiben der bei der Korrektur als fehlerhaft erfundenen und darum unterſtrichenen Wörter ins Fehlerbüchlein. 3.30—4.00.
M. Kl.	I / II		
U. Kl.	I / II		Zeichnen. 3.00—3.30.